Christa Spilling-Nöker
Wenn ein Licht vom Himmel fällt

topos taschenbücher, Band 897
Eine Produktion des Matthias Grünewald Verlags

Christa Spilling-Nöker

Wenn ein Licht vom Himmel fällt

Geschichten und Gedanken zur Advents- und Weihnachtszeit

topos taschenbücher

Verlagsgemeinschaft topos plus
Butzon & Bercker, Kevelaer
Don Bosco, München
Echter, Würzburg
Lahn-Verlag, Kevelaer
Matthias Grünewald Verlag, Ostfildern
Paulusverlag, Freiburg (Schweiz)
Verlag Friedrich Pustet, Regensburg
Tyrolia, Innsbruck

Eine Initiative der Verlagsgruppe engagement

Bibliografische Information der Deutschen Nationalbibliothek
Die Deutsche Nationalbibliothek verzeichnet diese Publikation in der Deutschen Nationalbibliografie; detaillierte bibliografische Daten sind im Internet über http://dnb.d-nb.de abrufbar.

Einband- und Reihengestaltung | Finken & Bumiller, Stuttgart
Umschlagabbildung | www.photocase.de / Rina. H.
Herstellung | Friedrich Pustet, Regensburg
Printed in Germany

ISBN: 978-3-8367-0897-5
www.topos-taschenbuecher.de

Inhalt

Vorwort

Die Adventswochen und Weihnachtsfeiertage sind eine ganz besondere Zeit. Die dunklen Abende laden bei Kerzenschein zur Gemütlichkeit ein: Es duftet nach Tannengrün und frisch gebackenen Lebkuchen, nach Vanillekipferln und Zimtsternen. In der Stille gehen unsere Gedanken zurück zu Kindheitstagen, zu Schneegestöber und Schlittenfahrten, zu all den Heimlichkeiten vor dem Fest, zu dem Zauber des von Kerzenglanz erleuchteten Weihnachtsbaums und zu den Geschenken, die es auszuwickeln gab.

Auch heute, als Erwachsene, beschenken wir uns, hören Weihnachtslieder und träumen davon, dass es endlich Frieden werde auf Erden, wie es die biblische Weihnachtsbotschaft verheißt. Doch ein Blick in die Welt zeigt, dass wir weit davon entfernt sind. Kriege und Hunger treiben Millionen von Menschen in die Flucht; oft auch in den Tod. Können wir dagegen etwas tun?

In das große Weltgeschehen können wir wohl kaum eingreifen. Aber vielleicht ist es uns möglich, hier und da, im Freundeskreis oder in unserer Nachbarschaft ein Licht der Hoffnung zu entzünden: Vielleicht ist es uns möglich, denen zur Seite zu stehen, die unsere Hilfe und unseren Trost brauchen; vielleicht können wir Menschen, die aus anderen Ländern zu uns gekommen sind, mit offenen Armen aufnehmen; vielleicht finden wir neue Wege zur Versöhnung.

Dieses Buch möchte Sie dazu einladen, über den Sinn der Weihnachtsbotschaft vom Frieden für die Welt und gelebter Liebe untereinander neu nachzudenken, damit es etwas heller und freundlicher wird auf unserem Planeten.

Christa Spilling-Nöker

Nur ein Wort

Manchmal ist es
nur ein Wort,
das uns im Vorübergehen,
so ganz nebenbei,
zufällt –
doch vielleicht
findet es
unser Herz
und verwandelt
das Dunkel
in Licht.

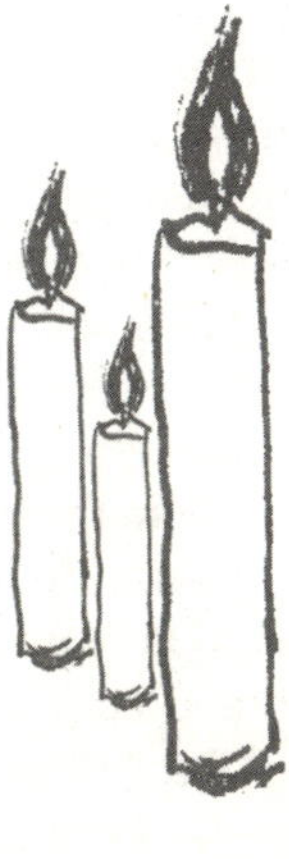

Ein richtiges Krippenspiel

Es war der Samstag vor dem vierten Advent, und wie in jedem Jahr sollte auch heute Abend in der Friedensgemeinde das nun schon allen zu einer lieben Tradition gewordene Krippenspiel in der Kirche aufgeführt werden. Seit Wochen schon hatten die Kinder geübt und Eva Schmitz, die Leiterin der Jungschargruppe, war dieses Mal besonders stolz. Von Anfang an war alles problemlos verlaufen. Bei der Zuteilung der Rollen hatte es keinen Streit gegeben wie sonst schon so oft. Für alle stand von Anfang an fest, dass die kleine blonde Anna, die jüngste Tochter des Bürgermeisters Hinrichs, die Maria spielt. Für die Rolle des Josef kam sowieso nur Matthias, der spielerisch besonders begabte, wenn auch manchmal etwas altkluge Sohn des Zahnarztes in Frage. Wer keine Rolle mit Text bekam, reihte sich, ohne zu murren, willig in die Schar der Hirten ein. Das große Gloria klang in diesem Jahr so rein und hell aus den jungen Kehlen, dass Eva Schmitz meinte, herrlicher könne es auch nicht bei der Geburt Jesu einst in Bethlehem geklungen haben.

Die Kinder waren bei den Proben größtenteils pünktlich gewesen, bis auf den geistig behinderten Max, der meistens etwas verspätet hereingetrottet kam, sich aber dann leise und unauffällig sein Schaffell über die Schultern legte, den Hirtenstab ergriff und sich friedlich zu den Pappmascheeschäfchen gesellte, die, mit frischer weißer Watte beklebt, beinahe echt aussahen. Noch nie hatte Eva Schmitz der Aufführung eines Krippenspiels mit so großer Gelassenheit entgegengesehen. Die Generalprobe war weitgehend zu ihrer Zufriedenheit verlaufen, nur Mirko, der Wirt, oft etwas frech und vorlaut, hatte einmal den Einsatz verpasst, sich dann aber schnell wieder gefangen.

Der Kirchendiener hatte am Weihnachtsbaum bereits die Kerzen angezündet. Der Organist spielte leise Weihnachtsmusik, während die ersten Besucherinnen und Besucher kamen, um sich in den vorderen Kirchenbänken einen besonders guten Platz zu sichern. Alles verlief planmäßig. Die Engel schwebten und schwirrten aufgeregt durch den Gemeindesaal, bei Janines Gewand war einer der goldenen Flügel eingerissen. Aber Frau Schmitz war so leicht nicht aus der Ruhe zu bringen. Sie hatte sich für solche Fälle ausreichend mit Klebeband, Zwirn und einem ganzen Paket Sicherheitsnadeln eingedeckt. Für den äußersten Notfall hatte sie sogar noch ein paar Reserveflügel im Gemeindehaus deponiert. Mit einigen geschickten Handgriffen war sie gerade dabei, den Schaden zu beheben und aus Janine wieder einen voll einsatzfähigen Engel zu machen, als die Tür aufging und eine völlig aufgelöste Frau Hinrichs in den Saal stürzte. Frau Schmitz wurde blass. Bevor Frau Hinrichs auch nur den Mund aufmachte, wusste sie Bescheid. Aber schon sprudelte Annas Mutter los: »Sie haben sie vor einer Viertelstunde ins Krankenhaus gebracht, mein Mann und Stefan, unser Sohn. Sie hatte den ganzen Tag schon über Bauchschmerzen geklagt, aber ich hatte das nicht so ernst genommen, weil ich dachte, das sei die Aufregung vor ihrem Auftritt heute Abend. Als die Schmerzen immer unerträglicher wurden, habe ich den Arzt kommen lassen. Blinddarmdurchbruch hat er diagnostiziert, sie muss sofort operiert werden. Er hat dabei ein so ernstes Gesicht gemacht, dass ich das Schlimmste befürchte.« Frau Hinrichs war den Tränen nahe.

Eva Schmitz war voller Mitleid für Annas Mutter, aber gleichzeitig hatte sie selbst das Gefühl, dass ihr der Boden unter den Füßen schwand. Ihr schwindelte. Alles umsonst, dachte sie, all die Proben, die Arbeit der Mütter an den Kostümen, die Vorfreude der Kinder. Wie sollte sie jetzt, zehn Minuten vor Beginn des Krippenspiels, in die mittlerweile bis auf den letzten Platz besetzte Kirche vor das erwartungsvolle Publikum hintreten und sagen: »Tut mir leid, meine Damen und Herren, Sie sind umsonst gekommen, die Aufführung fällt heute aus.« Und die Kinder erst. Die standen inzwischen ratlos um sie herum, einige hatten begriffen, was das Fehlen von Anna bedeutete, denn wie sollte ein Weihnachtsspiel ohne Maria über die Bühne gehen? Andere drängten sich ratsuchend an Eva Schmitz, in der Hoffnung, dass da noch ein Ausweg gefunden werden könne. Die Erwachsenen wussten doch sonst immer alles besser, da sollte sich die Leiterin schnell etwas einfallen lassen.

Eva Schmitz brach der Schweiß aus. Hätte sie die Rollen doch nur doppelt besetzt wie sonst immer. Aber noch nie war jemand ausgefallen, und für die »zweite Besetzung« war es immer eine große Enttäuschung, alle Texte gelernt zu haben, aber dann doch nie bei der großen Aufführung mitspielen zu dürfen. Zum Trost durften sie dann am Sonntagmittag im Altenheim auftreten, aber das war eben doch keine Entschädigung dafür, dass sie bei der »richtigen« Aufführung in der Kirche unter den Zuschauern sitzen mussten oder sich notfalls noch als Statisten unter die Hirten und Engel mischen durften.

Die Glocken läuteten bereits. Die Kinder lärmten mittlerweile herum, enttäuscht schrien alle durcheinander. Niemand hatte derweil bemerkt, dass Max, wie so oft, etwas zu spät, hereingekommen war, an der Hand ein großes, dunkelhäutiges schwangeres Mädchen aus dem Asylantenheim. Unerbittlich kämpfte er sich mit der Afrikanerin durch das Knäuel von Engeln hindurch, das Eva Schmitz umlagerte. »Sie, sie, sie, sie sagt, sie kann den Tetetext«, stotterte er mit einer Mischung aus Verlegenheit und Selbstsicherheit, »sie hat immer vor der, vor der Tür gelauscht, wenn wir gespielt haben! Jededededesmal«, setzte er zur Bekräftigung hinzu.

Immer, wenn er zu spät zur Probe gekommen war, hatte er sie vor der Tür des Gemeindesaals erblickt. Sie hatte nur den Finger vor den Mund gelegt, als Zeichen dafür, dass er sie nicht verraten sollte. Und er hatte verstanden. Endlich hatte er, der sonst so oft von den anderen Kindern ausgelacht wurde, einen Menschen, mit dem er ein Geheimnis teilen durfte.

Frau Schmitz starrte das fremde Mädchen einen Augenblick fassungslos an. Eine schwarze Maria, unmöglich. Zudem war das Mädchen mindestens vierzehn Jahre alt, viel älter als die anderen Kinder und würde den Josef um einen Kopf überragen. Und überhaupt. Die konnte ja viel erzählen. Maria hatte den längsten Text, und ob diese Schwarze überhaupt deutsch sprechen konnte und begriffen hatte, worum es in dem Weihnachtsspiel ging? Dass sie schwanger war, nun ja, das passte ja sogar zur Rolle, da brauchte man ihr kein Kissen unter den blauen Umhang zu stecken, wie bei Anna. Die Gedanken in Eva Schmitzens Hirn überschlugen sich.

»Ich bin Mara«, stellte sich das Mädchen vor. »Ich kann spielen die Maria, dann braucht nicht ausfallen das Spiel«, ergänzte sie, denn sie hatte von draußen alles mit angehört. Unmöglich, die kann ja nur gebrochen Deutsch, dachte Frau Schmitz. Dann sah sie in die erwartungsvollen Augen der Kinder, die bei Maras Worten plötzlich mucksmäuschenstill geworden waren. Für die meisten von ihnen schien Mara geradewegs vom Himmel zu kommen. Ihr Spiel, ihr schönes Spiel, auf das sie sich so lange vorbereitet und gefreut hatten, war gerettet. Nur einige von den Jungen waren empört. »Die Negerschlampe nehme ich nicht an die Hand«, empörte sich Matthias, »mit so etwas bin ich nicht mal in einem Spiel verlobt.«

»Hure«, tönte es aus dem Mund des frechen Mirko, »da wird es mir leicht fallen, der kein Zimmer zu vermieten.«

Eva Schmitz war fassungslos. Sie hätte ihre Hand ins Feuer gelegt für »ihre Kinder«. Was für Redensarten führen die hier, dachte sie. Aber die meisten hörten es wohl von zu Hause nicht anders. Als der Bürgermeister der Gemeinde vor einem halben Jahr angekündigt hatte, dass das schon seit Langem leerstehende alte Wirtshaus am Ortseingang in aller Eile notdürftig zu einer vorübergehenden Unterkunft für Asylbewerber umgebaut werden würde und er alle bäte, die afrikanischen Flüchtlinge, die schon schlimme Schicksale hinter sich hätten, freundlich aufzunehmen, hatte es jede Menge Proteste gehagelt.

»Wir sind hier nicht im Kongo«, hatte der Bäckermeister gerufen, sollen die doch bleiben, wo sie herkommen. Bei mir kriegen die kein Brot.« »Die sollen sich hier gar nicht erst einleben, sonst werden wir die nie wieder los.« »Wer weiß, was die mit unseren Kindern machen, diese Wilden.«

Viele Bewohner des kleinen Dorfes hatten sich der Meinung des Bäckers angeschlossen. Die Pastorin hatte mehrfach angeregt, Veranstaltungen für die Fremden zu organisieren, war aber mit ihren Vorschlägen selbst im Kirchengemeinderat auf taube Ohren gestoßen. Die Afrikaner wurden gemieden, wo man nur konnte. Wenn ich die Mara wirklich spielen lasse, verlassen die Leute vielleicht unter Protest die Kirche, dachte Eva Schmitz. Aber sie hatte jetzt keine Zeit mehr, alle Argumente gewissenhaft abzuwägen, geschweige denn, Maras Fähigkeiten, die Maria zu spielen, zu überprüfen. Die Orgel hatte bereits den Eingangschoral intoniert und der Kirchendiener riss aufgeregt die Tür auf: »Wo bleiben denn die Kinder?«, rief er nervös, die traditionsgemäß bei den ersten Klängen von »Tochter Zion, freue dich!« in ordentlicher Zweierreihe artig und mit vor Aufregung geröteten Wangen in die Kirche einzuziehen hatten, um bei der dritten Strophe zu ihrem Spiel Aufstellung bezogen zu haben.

»Na, dann los!«, befahl Max mit fester Stimme. Schließlich hatte er die Rettung herbeigeschafft, jetzt wurde auch gespielt, das stand für ihn fest. Die aufgeregte Kinderschar hatte gar nicht genau mitgekriegt, woher die auffordernden Worte gekommen waren, aber bevor Eva Schmitz noch irgendetwas sagen oder dem Trubel Einhalt gebieten konnte, drängelten und schubsten sich Hirten und Engel gleichzeitig in die Kirche, wurden aber angesichts der vollen Bänke und der feierlichen Atmosphäre schlagartig still.

Mara hatte sich schnell den für sie etwas zu kurzen blauen Samtmantel der Maria übergeworfen und ihre schwarze Lockenpracht geschüttelt. Dann stand sie mit dem immer noch mürrischen Matthias vor dem Publikum und begann: »Wir kommen von weither aus einem fernen Land. Ich bin müde, es hat mich angestrengt, den ganzen Tag auf den Beinen zu sein, denn ihr seht ja, dass ich schwanger bin. Bald wird mein Kind zur Welt kommen. Ob wir hier wohl Aufnahme finden und Menschen, die es gut mit uns meinen?« Dabei zeigte sie nicht auf die spielenden Wirte, wie es vorgesehen war, sondern wies mit ihrem Zeigefinger geradewegs in die Gemeinde. Na klar, dachte Eva Schmitz, die sich nach dem ersten Schrecken über den unerwarteten Beginn des Spiels angesichts der klaren Worte der Maria, die zudem in einwandfreiem Deutsch gesprochen worden waren, wieder etwas gefangen hatte, die hat ja nur zugehört, aber die Gesten und Bewegungen nicht einstudiert.

In der Gemeinde war es totenstill. Was fällt der Schmitz ein, eine aus dem Asylbewerberheim die Maria spielen zu lassen. Der Bäcker und einige der anderen, die gegen die Afrikaner im Dorf gewettert hatten, saßen wie versteinert. Sollten sie die Kirche unter lautstarkem Protest verlassen? Aber die eigenen Kinder spielten auch mit, deren ganze Freude konnte man doch nicht enttäuschen. »Mama, Papa, ihr kommt doch?!«, hatten sie gefleht. Dass die aber vorher nie was von dieser Fremden erzählt hatten. Sollte nicht die kleine Hinrichs die Maria spielen?

Inzwischen war das Spiel zur Zufriedenheit von Eva Schmitz weitergegangen. Das fremde Mädchen hatte den Text offenbar wirklich durch das häufige Zuhören mitgelernt und die wenigen Fehler im deutschen Satzbau fielen kaum auf. Schließlich war sie bei dem Wirt Mirko angelangt, um ein Quartier für sich und ihren Verlobten Josef zu erbitten, der sich angesichts der Tatsache, dass seine Eltern ihm für ein gutes Spiel ein neues Fahrrad versprochen hatten, schließlich überwunden und die schwarze Maria zähneknirschend an die Hand genommen hatte.

»Wir bitten euch, gebt uns ein Zimmer, wir von weither kommen und müde sind von der langen Reise. Nirgendwo ist Platz für uns. Das Kind strampelt so sehr, dass ich mich nicht mehr lange auf die Beine halten kann«, stöhnte die Maria vorschriftsmäßig und legte zur Bekräftigung des Gesagten eine Hand auf ihren gerundeten Bauch. »Bitte, habt Erbarmen!«, flehte sie.

»Ich habe hier auch keinen Platz für euch, da im Stall, da könnt ihr euch zu Ochs und Esel auf das Stroh legen!« Gott sei Dank, dachte Frau Schmitz, das war die Stelle, an der Mirko schon mal hängen geblieben war.

Aber was dann geschah, brachte sie an den Rand einer Ohnmacht.

»Ab in den Stall mit euch, da gehört ihr hin, ihr seid ja selber Tiere, ihr stinkendes Niggerpack«, schrie Mirko

Mara-Maria plötzlich an, »am besten schert ihr euch ganz zum Teufel! Was habt ihr überhaupt hier zu suchen? Geht doch zurück in euren Busch, aus dem ihr kommt!«

»Was haben wir euch eigentlich getan?«, fauchte Mara-Maria zurück. »Du bietest mir hier Platz in einem Stall an. So seid ihr. Viel besser als dieser Stall, in dem Jesus zur Welt gekommen ist, unsere Unterkunft auch nicht ist. Eine Dusche für 10 Leute, tropfende Wasserhähne und in der Küche Schimmel an die feuchte Wände. Aber das nicht das Schlimmste ist. Das Schlimmste ist, dass ihr uns behandelt wie Menschen zweiter Klasse, als ob alle Schwarzen dumme Leute sind, nur weil einige hier noch Probleme mit die deutsche Sprache haben. Ihr nicht redet mit uns und ständig uns zeigt, dass wir hier nicht sind willkommen. Das weh tut im Herzen. Wir auf der Flucht waren und ich mit ansehen musste, wie meine Eltern wurden erschossen. Ich gerade noch konnte entkommen, aber ein Soldat mich hat entdeckt. Er mich vergewaltigt«, dabei wies sie auf ihren Bauch, »aber dann laufen hat lassen.« Ihr liefen in der Erinnerung an die erlebten Gräuel die Tränen über das Gesicht. »Wir auch sind getauft, aber wir uns nicht einmal trauen zu euch in die Kirche, obwohl euer Gott doch ist auch unser Gott.« Sie sank erschöpft auf das Stroh, das den Stall markierte. Mirko war völlig verdattert, dass diese Schwarze es gewagt hatte, ihm so heftig zu widersprechen.

In der Gemeinde war es allmählich unruhig geworden. Das war nicht das niedliche Krippenspiel, auf das man sich innerlich eingestellt hatte. Bei einigen regte sich Unmut, bei anderen ein schlechtes Gewissen. Hatte das Mädchen nicht recht? So wie man damals Maria und Josef die Aufnahme verweigert hatte, so hatten sie selbst ja auch die Fremden »draußen vor der Tür« gelassen. Doch bevor irgendjemand noch einen weiteren klaren Gedanken fassen konnte, sorgte Mara-Maria für neue Aufregung. Plötzlich war sie auf ihrem Heuballen bleich zusammengesunken und hielt sich stöhnend den Bauch.

»Jetzt wird der Jesus geboren«, tönte es laut und klar aus der Ecke der Hirten. Und schon kniete Max neben der vor Schmerzen gekrümmten Mara-Maria und deckte sein eigenes Schaffell, für das er so lange gespart hatte, liebevoll über sie. »Damit du nicht frierst und dein Jesuskind«, setzte er erklärend hinzu. Tränen tiefer Ergriffenheit, als erster Hirte dem Jesuskind und seiner Mutter etwas Wunderschönes schenken zu dürfen, schimmerten hinter seinen dicken Brillengläsern. Für ihn bestand kein Zweifel daran, dass just in diesem Augenblick der Heiland zur Welt kommen würde. Etwas polterig verschwand er wieder unter den anderen Hirten, die laut Textbuch allesamt eigentlich gar nichts zu sagen hatten. Aber was lief hier noch nach Plan? Inzwischen hatten sich die Engel um die stöhnende Mara-Maria geschart und versuchten, ihr mit ihren Flügeln etwas Wind zuzufächeln, wurden aber barsch von einigen Frauen beiseite gejagt, die aufgeregt zu dem fremden Mädchen geeilt waren und eindeutig feststellten, dass sie Wehen hatte. »Schnell, einen Arzt!«, riefen sie und der Kirchendiener beeilte sich, sein Handy einzuschalten. Mit vereinten Kräften gelang es den Frauen, die wimmernde Mara in die Sakristei zu transportieren.

In den Kirchenbänken wurde inzwischen halblaut getuschelt, aber niemand traute sich aufzustehen und die Kirche zu verlassen. Die Engel wussten nun auch nicht, ob sie ihr so liebevoll eingeübtes »Gloria« noch anstimmen sollten. Immerhin kam ja dieses Mal ein richtiges Kind zur Welt, das zu besingen vielleicht viel passender war, als die Babypuppe, die sonst immer am

Ende des Spiels in der Krippe lag und durch Scheinwerfer von der Orgelempore aus angeleuchtet wurde.

Eva Schmitz war allmählich mit ihren Nerven am Ende. Ein Krippenspiel, bei dem beide Marias ins Krankenhaus kamen, so etwas durfte es eigentlich nicht geben. Für sie war das Spiel gelaufen, und so dachte sie gar nicht mehr daran, den Kindern den Einsatz für den Schlusschoral zu geben. Einige fingen von selbst an, zaghaft und nicht ganz so genau, wie sie es geübt hatten. Es dauerte eine Weile, bis die anderen Stimmen einfielen. Inzwischen hörte man draußen die Sirenen des Rettungswagens, während gleichzeitig in der Kirche der Jubel des Gloria ertönte, der nun immer lauter und inzwischen auch nahezu richtig erklang.

Als der Chor zu Ende gesungen hatte, wusste keiner in der Kirche, ob er applaudieren sollte. In die verlegene Stille hinein stand die Pastorin der Gemeinde auf und sagte: »Die Kollekte am Ausgang kommt nicht, wie geplant, unserem Kindergarten, sondern dem Asylantenheim in unserem Dorf zugute.«

Schweigend erhob sich die Gemeinde. Schein um Schein wanderte in den Kollektenkorb.

Am Weihnachtsmorgen standen plötzlich eine ganze Reihe Säcke vor der Tür des ehemaligen Wirtshauses: Spielsachen für die Kinder, Kleidung und Schuhe, Käse, Fleisch und Obst, dazu die Einladung zu einer Weihnachtsfeier im Gemeindehaus. Auch ein Sack mit frischem Brot und duftendem Weihnachtsgebäck war dabei.

... so wie du

Am Anfang erschuf Gott
Himmel und Erde
und darin alles,
was die Welt erfüllt:
Dunkelheit und Licht,
Festland und Wasser,
Blumen und Bäume,
Mond und Sterne
und Tiere
von jedweder Art.

Zuletzt
erschuf Gott die Menschheit.
Um der göttlichen Vielfalt
Ausdruck zu geben,
erschuf er die unterschiedlichsten Rassen,
mit je ihrer eigenen Hautfarbe
und Wesensart –
und bei jedem Einzelnen sagte er,
dass er sehr gut sei –
so wie du.

Adventsmeditation

Ich möchte dich einladen, dich bequem auf einen Stuhl oder in einen Sessel zu setzen. Atme die Last des vergangenen Tages aus und entspanne dich. Wenn dir Musik dabei hilft, dann lege eine CD auf, die du besonders gern hörst, und zünde dir eine Kerze an. Wenn du dich nach einiger Zeit so richtig wohl in dir selbst fühlst, dann lege ein weißes Blatt Papier vor dich hin, dazu einen Stift und schreibe als Überschrift:

Was ich unbedingt tun würde, wenn ich nur noch kurze Zeit zu leben hätte.

Schließe deine Augen und lasse zu dieser Frage deine Fantasien, Wünsche, Sehnsüchte und Gedanken kommen. Schreibe dann auf, was dir einfällt.
Überlege im Anschluss daran, was dir das Wichtigste davon ist. Und das tue.

Möchtest du dich mit jemandem aussprechen und versöhnen, mit dem du in Streit bist, oder einem Menschen sagen, wie wichtig er für dich war oder ist, dann schreibe ihm einen Brief. Oder rufe ihn an. Heute noch.

Träumst du von einer großen Reise, die du schon so lange aufgeschoben hast, dann beginne, sie zu planen, für sie zu sparen und alles in die Wege zu leiten, was dich der Verwirklichung deines Wunsches ein Stück näher bringt. Heute noch.

Niemand wird dir wünschen, dass die fiktive Situation eintritt. Mögest du alt und grau werden und bis dahin noch viele gesunde und glückliche Lebensjahre vor dir haben. Aber irgendwann einmal wird diese Situation

Wirklichkeit. Irgendwann einmal neigt sich das Leben dem Ende zu. Und was wäre, wenn du dann feststellen müsstest, dass du Wesentliches in deinem Leben versäumt hast, dass Menschen, denen du noch etwas zu sagen gehabt hättest oder mit denen noch etwas zu klären gewesen wäre, vielleicht schon selbst verstorben sind? Wie viel Enttäuschung und Trauer müsstest du dann verkraften?!

Deshalb nutze den heutigen Tag, jetzt, wo du noch frisch bei Kräften bist, dein Leben zu bedenken, deine Sehnsüchte wahrzunehmen, zu spüren, was jetzt im Augenblick bedacht, getan, verändert werden will.

Du fragst, was diese Übung mit Advent und Weihnachten zu tun hat? Die Adventszeit ist ursprünglich nicht Konsumzeit, sondern Bußzeit: Zeit der Umkehr, mit anderen Worten: Zeit der Besinnung darüber, was in der Vergangenheit im eigenen Leben schief gelaufen ist, was man im Umgang mit sich selbst und mit anderen Menschen in Zukunft besser machen kann. Sich hin und wieder einmal diese Fragen zu stellen, ist natürlich nicht auf die Adventszeit begrenzt. Aber es lohnt sich gerade in diesen dunklen Wochen, sich von Zeit zu Zeit einmal aus der Glitzerwelt der Kaufhäuser und der ermüdenden Suche nach Geschenken zurückzuziehen und es wirklich »Stille Nacht« werden zu lassen. Vielleicht gestaltet sich dadurch ein Brief, ein offenes Gespräch, ein versöhnliches Wort, das den, den es erreicht, tiefer anrührt als ein hastig gekauftes Geschenk. Und wenn du dir selbst etwas von dem gönnst, was du dir schon lange schuldig geblieben bist, was dir gut tut, so dass du plötzlich wieder neu auflebst, dann wird diese Weihnacht für dich wirklich zu einer fröhlichen, Gnade bringenden Weihnachtszeit.

Zur Ruhe kommen

Wenn sich am Abend
dic Dämmerung
wie eine dunkle Decke
über Stadt und Land legt,
dann versuche
zur Ruhe zu kommen
und Einkehr zu halten
bei dir selbst!

Zünde dir eine Kerze an
und versinke in deinen Gedanken
und Träumen.
Die Stille weist dir den Weg
zu deiner eigenen Tiefe
und lässt dich im Verborgenen
schon ahnen,
dass Neues in dir wachsen
und bald das Licht der Welt
erblicken will.

Der Adventskalender

Als ich Frau E. kennenlernte, litt sie schon seit 14 Jahren an multipler Sklerose, einer Krankheit ohne Aussicht auf Heilung, ohne Hoffnung, noch einmal gesund zu werden.

»Warum gerade ich?«, fragte sie immer wieder. Sie zeigte mir Fotoalben aus längst vergangenen Zeiten: eine lebensfrohe junge Frau im Skiurlaub, im Karneval und auf Tanzfesten. »Erkennen Sie mich?«, fragte sie leise und begann, von ihren gesunden Jahren zu erzählen, von Beruf, Freundschaft und Liebe, von Ausflügen und Reisen. Immer wieder wurde sie dabei von krampfartigen Hustenanfällen unterbrochen. Der fast bis zum Skelett abgemagerte Körper quälte sich in der Anstrengung, zähen Schleim aus der Lunge abzusondern.

Einmal habe sie versucht, sich das Leben zu nehmen, aber der Versuch sei misslungen. »Nicht einmal das kann ich«, waren ihre Worte.

Durch ganz kleine Stickereien versuchte sie immer wieder ein Stück Selbstdarstellung, bemühte sich, mit Hilfe ihrer Kreativität und Fantasie Hoffnung zu gewinnen, um damit ihrem schleichenden Sterben zu begegnen. Doch oft versagten ihre Kräfte den Dienst. So bot ihr an vielen Tagen der Fernseher die einzige Abwechslung in ihrem beschwerlichen Alltag.

Gepflegt wurde sie von ihrer achtzigjährigen Mutter; ihre Schwester, ein Onkel und zwei andere Damen, die außer mir gelegentlich zu Besuch kamen, bildeten ihren einzigen Kontakt zur Außenwelt.

Manchmal gab es bei Frau E. Stunden, in denen sie von sich erzählte und ihr Leid beklagte.

Oftmals aber wollte sie von mir etwas hören, von meinem Alltag in der Schule, von meinen Reisen, wollte auf diese Weise teilnehmen an dem, wie das Leben

»draußen« war. Und so nahm ich sie im Geiste auf unsere Urlaubsfahrten mit: im Transsibirienexpress durch die Taiga und im Landrover durch Kenia.

Als ich für ein halbes Jahr mit meinem Mann nach Brasilien ging, nahm ich mir fest vor, ihr jede Woche einmal zu schreiben. Am liebsten mochte sie Ansichtskarten, auf denen ein Kreuzchen zeigte: Hier haben wir übernachtet, dort zu Abend gegessen. Es wurde mir zur Gewohnheit, gezielt nach solchen Karten Ausschau zu halten. Als ich sechs Monate später wieder in Deutschland war und Frau E. besuchte, strahlte sie mich an. Mit ihrer heiseren Stimme flüsterte sie: »Das war mein schönstes halbes Jahr.« Jeden Morgen hatte sie ihre Mutter gebeten, nachzusehen, ob wieder eine Karte für sie im Briefkasten lag. Als wir in Brasilien während des Urlaubs meines Mannes gereist waren, hatte sie sich den Atlas geben lassen und war uns in Gedanken gefolgt. Ich freute mich, dass ich meinen guten Vorsatz gehalten und ihr mindestens einmal pro Woche geschrieben hatte. Zugleich erschrak ich, welche Bedeutung diese Reihe von Ansichtskarten für sie gehabt hatte. Jeder dieser Tage war für sie mit einem Stück Erwartung gefüllt gewesen.

Das brachte mich auf die Idee: Es war Ende November, der Jahreszeit entsprechend draußen nebelig und trüb, zugleich voller Licht und Glanz in den Kaufhäusern, in denen bunte Christbaumkugeln, blinkende Sterne und Folienengel miteinander um die Wette glitzerten. Ich werde ihr einen Adventskalender basteln, dachte ich, da kann sie sich an jedem Morgen ein wenig freuen. Ich ging in die Stoffwarenabteilung und kaufte ein großes Stück roten Filz, dann sah ich mich nach kleinen Geschenken um. Vor allem in der Süßwarenabteilung wurde ich fündig. Einen kleinen, in rotes Stanniolpapier gekleideten Nikolaus erstand ich, gefüllte Kugeln,

Tannenzapfen und Fläschchen zum Vernaschen, kleine Marzipanbrote und bunte Engel. Wieder daheim, schritt ich zur Tat. Ich kramte meine Nähmaschine hervor, zerschnitt das Stück Filz in vierundzwanzig gleich große Rechtecke, legte die Ecken aufeinander, und schon ratterte die Nadel los.

Als alle Beutel fertig vor mir lagen, kam der nächste Schritt. Die roten Täschchen mussten ja geschlossen werden. Normalerweise lässt sich das mit einem zugeknoteten Stück Geschenkband erreichen, aber das ging in diesem Falle nicht. Frau E. hatte mir einmal sehr offen gesagt, wenn ich ihr etwas mitbrächte, dann möge ich das Geschenkband doch bitte nicht knoten. Sie müsse dann erst ihre Mutter bitten, eine Schere zu holen, aber sie möchte doch gern ihre Geschenke allein und selbstständig auspacken können. Ich war beschämt gewesen, dass ich darauf nicht von selbst gekommen war. Also wurde jetzt eine Rolle mit dünner goldener Kordel herausgesucht. Mit einer dicken Nähnadel zog ich ein Stück Kordel oben durch den Filz, so dass ich die Säckchen, nachdem ich sie, zum Teil auch mit Selbstgebasteltem, liebevoll gefüllt hatte, oben zusammenziehen und mit einer kleinen Schleife versehen konnte. Jetzt galt es noch, goldene Nummern auf die Beutel zu kleben. Anschließend dekorierte ich sie auf einem, mit Tannenzweigen geschmückten großen Pappteller. Damit die ganze Herrlichkeit auch etwas glänzte, bastelte ich noch ein paar Sterne zur Verzierung.

Stolz klingelte ich am 1. Dezember bei Frau E. Ihre Freude war aufrichtig, vor allem auch darüber, dass ich die Beutel so geschlossen hatte, dass sie sie allein öffnen konnte. Als ich sie kurz vor Weihnachten noch einmal besuchte, strahlte sie: »Ich habe an dem Adventskalender Spaß wie ein Kind! Es ist jeden Tag eine doppelte Freude. Erst taste ich das Säckchen von außen ab und rate, was wohl darin sein kann, dann mache ich es auf und schaue nach, ob ich richtig geraten habe.«

Wie wenig Zeit, Kreativität und Fantasie genügen, um einem kranken Menschen täglich ein wenig Vorfreude auf den kommenden Tag zu geben, ein kleines adventliches Hoffnungslicht in einem ansonsten mehr als grauen Alltag.

Für den Beutel mit der Nummer 24 hatte ich mir etwas Besonderes ausgedacht: darin hatte ich das Jahreslos einer Fernsehlotterie versteckt. »Da habe ich jetzt jeden Monat einmal ein Stück Adventskalender«, lächelte sie.

Zu dieser Freude ist es dann nicht mehr gekommen. Sie starb Mitte Januar an einer Lungenentzündung. Wie gut, dachte ich, dass ich ihr den letzten Advent noch ein wenig erhellt habe.

Es ist jetzt viele Jahre her, dass ich Frau E. beerdigt habe. Aber bis heute denke ich bei fast jeder Ansichtskarte, die ich unterwegs kaufe, ob man darauf wohl ein Kreuzchen machen könnte, und es vergeht kein Advent, in dem sie meinem Herzen nicht ganz besonders nahe ist.

Advent

Advent –
Lichter der Zuversicht
und der Liebe entzünden,
dass das Leben
erhellt wird
von Güte
und Gnade.

Advent –
im Herzen die Hoffnung,
dass sich die Zeit bald erfüllt
und das Leben
durchströmt wird
von Freude
und Frieden.

Drei Frauen und (k)ein Weihnachtsmann

»Selbst ist die Frau«, sagte ich mir und marschierte schnurstracks auf das Ziel meiner Träume los. Das ist heutzutage eigentlich nichts Ungewöhnliches; wenn man aber bedenkt, dass ich zu dem Zeitpunkt meines zielgerichteten Handelns gerade einmal sechs Jahre zählte, fiel dieses Verhalten vielleicht doch aus dem Rahmen des Üblichen.

Nachdem ich mir schon wochenlang die Nase an der Schaufensterscheibe plattgedrückt hatte, konnte mich niemand mehr davon abhalten, mich mit allen Mitteln in den Besitz des Objekts meiner Begierde zu bringen, das in einem Paar wundervoller Rollschuhe bestand; mit Gummireifen, versteht sich, und ausziehbar, um dem Wachstum der Füße standzuhalten, dazu mit roten Lederriemen. In diesem Alter glaubte ich zwar noch an den Weihnachtsmann, traute aber offensichtlich damals schon der eigenen Planung und Aktion mehr zu, als einer einmal im Jahr erscheinenden männlichen Figur.

Kurz entschlossen betrat ich also den Laden, richtete mich unmittelbar an die Besitzerin, die mich kannte, weil ich hier des Öfteren nach einer Puppenzeitschrift fragte, wies klar und eindeutig auf die ersehnten Rollschuhe im Fenster und sagte: »Die möchte ich zu Weihnachten bestellen!«

Die Inhaberin sah mich ernst an, schraubte ihren Füllfederhalter auf und schrieb den Auftrag in ihr großes Buch, das für diese Zwecke vorgesehen war. Ich bedankte mich artig und zog frohen Herzens von dannen. Niemand würde mir mehr meine wundervollen Rollschuhe vor der Nase wegkaufen; schließlich war es erst

Mitte November; ich hatte rechtzeitig geplant, wie ich es von den Eltern gelernt hatte.

Auf dem Heimweg traf ich ein gleichaltriges Mädchen aus dem Nachbarhaus, der ich stolz von meiner Heldinnentat erzählte. Inge war voller Bewunderung über meinen Mut, was mir gut tat.

Doch dem Stolz über die gelungene Aktion mischten sich abends im Bett Zweifel bei. Zum einen beschäftigte mich die Frage, wie man den Weihnachtsmann davon in Kenntnis setzen könnte, wo er mein Geschenk abholen sollte, zum anderen stiegen allmählich in der Magengegend jene dumpfen Gefühle auf, die man gemeinhin als schlechtes Gewissen zu bezeichnen pflegt.

Tage vergingen. Ich bekam zu Hause irgendetwas davon mit, dass am kommenden Mittwoch Bußtag sei. Als ich nachfragte, was »Bußtag« denn zu bedeuten hätte, erklärte mir meine Mutter, dass die Menschen an diesem Tag das bereuen würden, was sie in der letzten Zeit falsch gemacht hätten. Mir wurde immer mulmiger. Den ganzen Buß- und Bettag zog ich mich mit meinen Spielsachen allein in eine Ecke zurück. Heute musste ich heraus mit der Sprache, das spürte ich.

Es war kurz nach dem Abendbrot, als ich es nicht mehr aushielt und meine Großmutter, die mit uns in einer gemeinsamen Wohnung lebte, an der Hand packte. Ob ich mal mit ihr reden könne, bat ich. Die alte Dame nahm mich mit in ihr Zimmer, doch bevor sie auch nur fragen konnte, was ich denn auf dem Herzen hätte, sprudelte ich los und leistete wohl die innigste Beichte meines Lebens. Keine Schimpfe, kein Vorwurf. Sie streichelte mir übers Haar und sagte nur: »Morgen früh gehe ich zum Friseur, da komme ich an dem Spielwarenladen vorbei und bestelle die Rollschuhe wieder ab.« Das war alles. Meine Erleichterung war grenzenlos.

Am nächsten Mittag konnte ich die Oma kaum erwarten. »Alles in Ordnung«, flüsterte sie mir zu, als sie nach Hause kam.

Diese Beichte blieb unser Geheimnis. Ich war heilfroh, dass alles so glimpflich ausgegangen war.

Am ersten Advent ermunterte mich meine Mutter, meinen Wunschzettel zu malen. Natürlich standen ›Rollschuhe‹ ganz oben, aber ohne Hinweis, wo diese Prachtstücke zu erwerben seien. Ich vertraute nun doch auf die Klugheit des Weihnachtsmannes, der mir am Heiligen Abend auch tatsächlich die heiß ersehnten Objekte meiner Begierde brachte. Sie wurden natürlich schon am nächsten Tag an der Hand meines Vaters auf dem Asphalt ausprobiert.

Bis zum Eintritt in die Schule war mein Glaube an den Weihnachtsmann auf diese Weise noch einmal bestärkt worden. Wenn ich in späteren Jahren aber an die Beichte bei der Großmutter und den Wunschzettel für die Mutter zurückdachte, dann habe ich die Tatsache, dass ich bekam, was ich wollte, vielleicht doch einer besonderen Art von Frauenpower zu verdanken.

Den Himmel erden

Möge dich die Botschaft
von Freude und Frieden
auf Erden
an den weihnachtlichen Tagen
durchdringen
und dein Herz öffnen
für die Not derer,
die deine Hilfe
und deinen Beistand
brauchen,
damit sich der Himmel
auch durch dich
erden kann.

Neue Nachbarn

»Auch das noch«, stöhnte Frau Weber. »Muss ausgerechnet eine Familie mit vier Kindern hier einziehen? Das wird Radau geben.« Frau Weber war Rentnerin, seit Jahren verwitwet und an ihre Ruhe gewöhnt. »Am besten bringe ich denen erst einmal die Hausordnung 'rüber, damit die sich von vornherein daran gewöhnen, ihre Fahrräder nicht im Hausflur abzustellen. Und ab 22 Uhr ist Nachtruhe, da wird die Haustür abgeschlossen, und da will ich auch keine Musik mehr hören.« Sie klingelte bei Bergers.

Die fünfjährige Simone riss die Tür auf, während ihr elfjähriger Bruder Marc gerade versuchte, im Flur einen Schuss auf die Wohnungstür abzugeben. Der Ball traf Frau Weber an der linken Hand. Vor Schreck ließ sie die Hausordnung fallen und wurde blass, lief aber in Sekundenschnelle feuerrot an.

»Was fällt euch ein, in der Wohnung Fußball zu spielen?«, keuchte sie zornig. »Hier ist die Hausordnung!« Mühsam bückte sie sich nach dem Stück Papier. »Und wenn ihr euch nicht daran haltet, dann habt ihr die längste Zeit hier gewohnt.« Wutschnaubend drückte sie den Kindern den Zettel in die Hand und wollte gerade die Tür von außen zuziehen, als Frau Berger im Hintergrund erschien.

»Sie sind sicher Frau Weber, unsere Nachbarin. Kommen Sie doch herein, mögen Sie eine Tasse Kaffee?« Zehn Minuten früher wäre Frau Weber vielleicht auf diese freundliche Einladung eingegangen, jetzt aber, nachdem sich alle Vorurteile gegenüber der kinderreichen Familie bestätigt hatten, fuhr sie Frau Berger nur an: »Bevor Sie sich gemütlich zum Kaffeestündchen hinsetzen, erziehen Sie erst einmal Ihre Kinder! Fast hätte ich einen Fußball an den Kopf bekommen. Das hier ist eine Wohnung und kein Fußballplatz. Einen schönen Tag noch!« Wütend zog sie sich in die Idylle ihrer eigenen vier Wände zurück.

Das kann ja heiter werden, dachte sie. Viel weiter kam sie auch nicht mit ihren Gedanken, denn schon war von nebenan neuer Lärm zu hören, undefinierbare Rhythmen und Geräusche, die kaum noch als Musik zu bezeichnen waren.

Sie klingelte erneut bei Bergers. Dieses Mal öffnete der siebzehnjährige Sven. Doch bevor er auch nur ein Wort herausbringen konnte, tobte Frau Weber: »Stellen Sie Ihre Musik, oder was immer das sein soll, auf Zimmerlautstärke, sonst beschwere ich mich über Sie und Ihre Familie beim Hausverwalter!«, drehte sich auf dem Absatz um und verschwand wieder in ihrer Wohnung.

Das kann ja heiter werden, dachte nun auch Frau Berger. Ich kann meine Kinder doch nicht anbinden. Rücksichtnahme ja, aber Kinder machen nun einmal auch Lärm. Schließlich wohnen wir ja hier nicht in einem Altenheim.

In den kommenden Wochen verging kein Tag, an dem Frau Weber und Familie Berger nicht aneinander gerieten. Einmal hatten die Kinder tatsächlich ihre Fahrräder im Hausflur abgestellt, ein andermal hatten sie sich die Schuhe nicht auf der dicken Fußmatte an der Haustür abgetreten; wieder ein andermal dröhnte der Fernsehapparat bis tief in die Nacht. Der Höhepunkt aber war, als Marc bei seinem Fußballtraining im Hof die Scheibe von Frau Webers Küchenfenster durchschoss. Zwei Blumentöpfe kippten dabei nach innen, zerbrachen hell auf den Fliesen und hinterließen auf dem fein säuberlich gewischten Küchenboden unansehnliche Haufen von Tonscherben und Erde, ganz abgesehen von den Geranien, die diesen Sturz auch nicht unversehrt überlebten.

»Jetzt ist das Maß voll. Heute noch geht ein Brief an die Hausverwaltung. Seht euch beizeiten nach einer neuen Wohnung um!«

Frau Weber war wütend, aber zugleich auch in der Tiefe ihrer Seele befriedigt. Endlich hatte sie ein schlagkräftiges Argument gegen die neuen Nachbarn. Das musste die Kündigung nach sich ziehen.

Bei Bergers hielt man abends Familienrat. Alle wussten, dass Frau Weber ihre Drohung wahrmachen würde. Alle wussten auch, dass es nicht leicht ist, für eine Familie mit vier Kindern eine Wohnung ausfindig zu machen. Es hatte Monate gebraucht, bis sie endlich diese einigermaßen geräumige Wohnung gefunden hatten, in der wenigstens die beiden Älteren ihr eigenes Zimmer haben konnten und die von der Miete her gerade noch erschwinglich war. Zähneknirschend fand sich Marc schließlich dazu bereit, zu Frau Weber zu gehen und sich zu entschuldigen. Seine Eltern würden die zerbrochene Fensterscheibe selbstredend ersetzen, hatte der Vater ihm noch eingeschärft.

Aber soweit kam er nicht. Frau Weber hatte ihn durch den Spion erkannt und die Tür gar nicht erst aufgemacht.

»Es gibt keine Entschuldigung, heute noch schreibe ich den Brief an die Hausverwaltung«, rief sie von innen.

Kleinlaut zog Marc wieder ab.

»Das war's dann wohl«, meinte die Mutter. Wenn ein gutgemeintes Wort der Entschuldigung nicht angenommen wurde, was sollte man dann tun?

Von jetzt an wartete die ganze Familie auf das Kündigungsschreiben. Aber das kam nicht. In der gedrückten Stimmung, in der sich die Bergers befanden, verhielten sie sich allerdings auch sehr ruhig, so dass sie Frau Weber für einige Tage nicht zu Gesicht bekamen.

Nach kurzer Zeit aber entkrampfte sich die gedämpfte Stimmung bei Bergers wieder. Anja hatte den CD-Player laut gestellt und übte sich in ersten Tanzschritten, als das Telefon ging.

»Könnt ihr bitte die Musik leise stellen, ich bin krank«, vernahm Anja die matte Stimme der Nachbarin.

»Geht das Gemeckere schon wieder los«, stöhnten die anderen, als Anja ihnen von dem Anruf berichtete.

»Vielleicht sollte man sie mal fragen, ob wir ihr helfen können, wenn es ihr nicht gut geht«, ließ sich Anja vernehmen. »Schließlich ist sie allein und hat niemanden, der sich um sie kümmert.«

»Bist du total verrückt geworden?« Marc war außer sich. »Die alte Schnepfe will uns hier aus der Wohnung herausschmeißen, und du willst noch den barmherzigen Samariter spielen?«

»Hast du das in der Konfirmandenstunde gelernt?«, lästerte Sven.

Die Eltern schwiegen. Vielleicht hat Anja recht, dachte die Mutter, aber die Wut über die sich täglich beschwerende Nachbarin hatte sie selbst auch verärgert. Zudem saß ihr die Angst vor der Kündigung im Nacken.

»Meinst du das denn ehrlich, Anja, willst du wirklich Frau Weber helfen oder willst du dir nur selbst beweisen, was für ein großherziger Mensch du bist?«, fragte der Vater nachdenklich.

»Vielleicht ist sie so feindselig uns gegenüber, weil wir eine Familie sind und uns haben«, gab Anja zu bedenken.

»Ein Mensch, der dauernd an anderen herummeckert, ist ja wohl auch mit sich selbst wenig zufrieden«, fügte Sven hinzu. »Vielleicht würde sie dann merken, dass Kinder auch Menschen sind«, ließ sich jetzt sogar Marc vernehmen.

Die Eltern waren völlig verblüfft. Sie hatten sich wohl bemüht, ihre Kinder zu Rücksichtnahme und dem, was man allgemeinhin unter Nächstenliebe versteht, zu erziehen, aber dass sie nach allem, was vorangegangen war, eine solch ehrlich gemeinte Hilfsbereitschaft an den Tag legten, machte sie nahezu sprachlos.

»Versucht es!«, meinte die Mutter schließlich.

Am nächsten Tag klingelte Marc bei Frau Weber. Die sah durch den Spion und fragte: »Was willst du?«

»Ich wollte fragen, ob ich Ihnen etwas einkaufen kann; Sie sind doch krank«, setzte er fast entschuldigend hinzu.

»Ich brauche nichts«, erwiderte die Stimme der alten Frau hinter der Tür und setzte nach einigem Zögern ein klägliches »Danke« hinzu.

Wer nicht will, der hat schon, dachte Marc, schwang sich auf sein Fahrrad und radelte zur Schule. Beim Mittagessen berichtete er von Frau Webers Reaktion.

»Die wird sich scheuen, von unserer Familie Hilfe anzunehmen«, meinte die Mutter, »nach den täglichen Attacken, die sie uns hier geliefert hat.« Bevor man darüber diskutieren konnte, ob man der zänkischen Nachbarin weitere Hilfsangebote machen sollte, kam Simone mit heftigem Nasenbluten aus der Kindertagesstätte und die Mutter hatte erst einmal damit zu tun, die Kleine zu verarzten. Das Thema »Frau Weber« war vorerst vom Tisch.

Am Nachmittag ging Anja zur Konfirmandenstunde. Sie hatten neulich tatsächlich die Geschichte vom »Barmherzigen Samariter« durchgenommen. Vielleicht muss man manchmal gar nicht so viel fragen, ob jemand Hilfe haben will, dachte sie. Der Samariter hat sich auch nicht erst auf große Diskussionen eingelassen. Er sah, da war ein Mensch in Not – und er half. Heimlich hatte sie die 10 Euro, die sie neulich von den Großeltern für ihre gute Mathearbeit bekommen hatte, aus dem Sparschwein genommen. Mit dem Rest ihres Taschengeldes waren das 17,80 Euro. 3 Euro würde sie noch für den Besuch der Kunstausstellung mit ihrer Klasse in der nächsten Woche benötigen; blieben also 14,80 Euro.

Während der Konfirmandenstunde war sie heute nicht bei der Sache. Aber was machte es schon, dass sie von dem Pfarrer sogar eine Rüge wegen Unaufmerksamkeit bekam. Sie hatte Wichtigeres zu tun. Sie wollte heute ja nahezu ein biblisches Experiment starten. Was sollte sie von ihrem Geld für die kranke Nachbarin kaufen?

Als sie im Supermarkt stand, entschied sie sich für eine Flasche Saft, für Äpfel, Joghurt, Käse und Eier. Von den verbleibenden 4,20 Euro erstand sie auf dem Blumenmarkt noch einen kleinen Strauß Rosen.

Was aber, wenn Frau Weber auch ihr gar nicht erst öffnen würde, wie Marc. Was sollte sie dann den Eltern erzählen, mit ihren Lebensmitteln in der Tasche? Sie musste es geschickter anstellen. Frau Weber durfte gar nicht merken, dass einer von den Bergers vor der Tür stand.

Sie hatte auch schon eine Idee. Hoffentlich kommt nicht gerade einer von unserer Familie durch den Hausflur und ertappt mich, dachte sie. Das Herz klopfte ihr bis zum Hals. In der Konfirmandenstunde hörte sich das alles so schön an mit der Nächstenliebe, aber in der Praxis war das eine außerordentlich aufregende Angelegenheit, fand sie.

Schon war sie an der Haustür. Sie klingelte von draußen bei Frau Weber.

»Wer ist da?«, ließ sich die Stimme der Nachbarin durch den Lautsprecher vernehmen.

»Die Post, ich habe ein Paket für Sie«, log Anja mit verstellter Stimme.

Der Türsummer ging, tatsächlich hatte Frau Weber ihre Wohnungstür aufgemacht. Sie sah blass aus unter den aufgelösten grauen Haaren, die sie sonst immer zu einem straffen Knoten gesteckt hatte, und machte in Pantoffeln und Bademantel einen ziemlich erbärmlichen Eindruck.

»Hätte ich es mir doch denken können, dass es wieder einer von euch ist, der mich ärgern will«, fauchte sie sofort, als sie Anja sah. Schon wollte sie ihre Wohnungstür zuziehen, doch Anja war schneller. »Warten Sie!«, sagte sie, »ich habe kein Paket, aber ich habe Ihnen etwas mitgebracht.« Und sie drückte der verdutzten Nachbarin die Tüte mit den Lebensmitteln in die Hand, dazu auch den Strauß Rosen.

»Au, pass doch auf!« Frau Weber hatte in einen Rosendorn gegriffen.

Doch Anja tat so, als höre sie diese erneute Rüge gar nicht. Sie sprudelte los: »Ich habe Ihnen von meinem Taschengeld was zu essen und zu trinken gekauft, weil Sie doch allein sind und niemanden haben. Und wenn Sie sonst etwas brauchen, dann klingeln Sie doch bei uns.« Am liebsten hätte sie noch hinzugefügt: »Wo unsere Klingel ist, wissen Sie ja«, schluckte diese Bissigkeit aber herunter.

»Danke« hätte sie ja wenigstens sagen können, dachte Anja enttäuscht und wollte gerade die Tür zur elterlichen Wohnung aufschließen, als Frau Weber, die mit der Tüte im Arm immer noch in der Tür stand, mühsam hervorbrachte: »Nett von dir. Ich bezahle dir das natürlich. Kannst du mir noch etwas aus der Apotheke besorgen?« Sie holte aus der Wohnung ein Arztrezept.

»Natürlich, aber was ich Ihnen mitgebracht habe, schenke ich Ihnen«, sagte Anja.

Auch in den kommenden Tagen und Wochen klingelte das Mädchen fast täglich bei der Nachbarin und machte Besorgungen für sie. Manchmal bat Frau Weber sie herein. Nach und nach erfuhr Anja etwas aus ihrem Leben. Dass sie selbst eine Tochter gehabt hatte, die bei der Geburt ihres Enkels gestorben war. Das Kind war nur wenige Tage alt geworden. »Ein Junge, der müsste jetzt in deinem Alter sein«, sinnierte die alte Frau. Der Schwiegersohn hatte bald wieder geheiratet und sich nicht mehr bei ihr blicken lassen.

Vielleicht ist sie durch all diese schmerzhaften Erfahrungen so verbittert geworden, dachte Anja. Oder sie denkt, wenn sie Kinder sieht, immer an ihren Enkel, den sie nie gesehen hat, und ist deshalb so aggressiv gegen Kinder. Manchmal empfand sie so etwas wie Verständnis und Mitleid mit der Nachbarin.

Ihren Eltern erzählte sie von alledem nichts. Die zeigten sich nur einigermaßen erleichtert, dass sie von der angedrohten Kündigung nichts hörten.

Einige Tage vor Weihnachten klingelte es bei Bergers. Frau Berger öffnete und kriegte schon einen Schrecken, als sie Frau Weber vor der Tür sah. »Was gibt es jetzt wieder?«, fragte sie schroff.

Die alte Frau streckte ihr mit beiden Händen eine große Schüssel voll mit Lebkuchen, Nüssen, Schokoladenkringeln und allerlei anderen Leckereien hin.

»Etwas zum Naschen«, brachte sie verlegen hervor, »wo Sie doch so nette Kinder haben.« Schnell verschwand sie wieder in ihrer Wohnung.

Frau Berger stand sprachlos mit der köstlich duftenden Schüssel im Flur. »Jetzt verstehe ich die Welt nicht mehr«, brachte sie schließlich mühsam hervor. »Manchmal geschehen doch noch Zeichen und Wunder.«

Anja wurde rot, sagte aber nichts. Aus den Augenwinkeln bemerkte die Mutter die Veränderung ihrer Tochter und fragte: »Hast du was damit zu tun, Anja?«

Wozu sollte sie leugnen. Sie hatte doch nichts Schlechtes getan. Leise erzählte sie der Mutter von ihren Besorgungen für Frau Weber und von dem, was ihr die Nachbarin so nach und nach aus ihrem Leben erzählt hatte.

»Alle Achtung, Anja, du bist stärker als wir alle.«

Die anerkennenden Worte der Mutter ließen Anja erneut erröten und ermutigten sie zugleich zu einem neuen Vorstoß: »Du, Mutti, sollten wir Frau Weber nicht auch zu Weihnachten einladen, sie ist doch ganz allein.«

»Darüber müssen wir mit den anderen reden«, wich die Mutter aus. Sie konnte sich selbst nicht so gut vorstellen, den ganzen Heiligen Abend mit der Nachbarin zu verbringen, Mitleid hin oder her.

Am Abend diskutierte die ganze Familie über Anjas Vorschlag. Die Stimmung war gedrückt. Alle wussten, dass es eigentlich richtig wäre, die alleinstehende alte Frau zu sich zu bitten. Aber niemand konnte sich für Anjas Vorschlag begeistern.

»Wir sollten in unseren Gefühlen ehrlich bleiben«, meinte der Vater, »und nicht, weil Weihnachten ist, in eine Art Friede-Freude-Eierkuchen-Stimmung verfallen. Fest steht, dass wir Frau Weber nach den zahlreichen feindseligen Attacken gegen uns nicht sonderlich mögen.«

»Aber einen kleinen Schritt zum friedlichen Auskommen mit ihr könnten wir von uns aus tun«, sagte die Mutter leise.

Schließlich einigten sie sich darauf, Frau Weber am ersten Weihnachtstag zum Kaffee einzuladen. Den Abend selbst wollte die Familie jedoch für sich allein verbringen.

Bergers wohnten noch lange in ihrer neuen Wohnung. Die Nachbarschaft mit Frau Weber hat sich nicht gerade zu einer innigen Freundschaft entwickelt. Aber beide Seiten haben im Laufe der Jahre immer wieder neu gelernt, sich gegenseitig zu respektieren und im Notfall auch einmal füreinander da zu sein. Und vielleicht ist das ja auch schon Frieden.

Schritte zum Frieden

Ein gutes Wort,
eine freundliche Geste,
eine hilfreiche Tat,
hinweg über die Mauern
der Ablehnung
und die Grenzen
der Feindseligkeit,
können erste Schritte
zum Frieden sein.

Was geht mich heute noch Weihnachten an?

Es wurde schon dunkel, als sich Jana und Andrea in der Stadt trafen. Nachdem sie in den stimmungsvoll geschmückten Kaufhäusern einige Geschenke erstanden hatten, begaben sie sich zu den bunten Buden am Marktplatz und genossen zwischen Adventsmusik und den unterschiedlichen Düften von Bratwürsten, gebrannten Mandeln und Glühwein die vorweihnachtliche Atmosphäre. Plötzlich blieb Andrea abrupt vor der Krippe stehen, die am Ende des Weihnachtsmarktes aufgebaut war.

Andrea: Warte einmal Jana. Lass uns doch gemeinsam die Krippe ansehen. Sieh nur, wie sorgfältig der Stall mit Kieselsteinen und Moos gestaltet worden ist.

Jana: Ach, komm weiter. Oder willst du mir jetzt etwa etwas über die biblische Weihnachtsgeschichte erzählen. Das interessiert mich nun wirklich nicht.

Andrea: Aber du feierst doch Weihnachten, oder nicht?

Jana: Klar, wir essen gut, dann ist Bescherung und abends treffe ich mich noch mit Freunden. Aber mit der Krippe, mit Hirten und Schafen hab ich's nicht. Das ist doch eine völlig verstaubte Geschichte von vorgestern. Was hat das alles mit meinem Leben zu tun? Die Engel werden mir keinen Arbeitsplatz verschaffen, falls ich nächstes Jahr keinen Job finde. Und Maria und Josef und die ganze Heilige Familie da vorne in dem Stall machen meine Familie zu Hause auch nicht wieder heil.

Andrea: Vielleicht doch.

Jana: Komm mir jetzt bloß nicht mit so frommem Gesülze.

Andrea: Ich schlage vor, wir machen einmal ein kleines Experiment.

Jana: Einverstanden. Und wie soll das aussehen?

Andrea: Versuche einmal, dir vorzustellen, bei der Weihnachtsgeschichte handelt es sich vielleicht nicht um eine historische Geschichte, von der man glauben muss, dass sie sich Wort für Wort so abgespielt hat, wie sie im Lukas- und Matthäusevangelium aufgeschrieben ist, sondern es handelt sich um ein Geschehen, das sich in der Seele abspielt.

Jana: Verstehe ich nicht ganz. Du meinst, dass ich auch so einen kleinen Christus in mir habe?

Andrea: Ja, jede und jeder von uns.

Jana: Was, auch die Männer sind schwanger? Wie soll das denn gehen?

Andrea: Erkläre ich dir gleich. Willst du einmal Kinder haben?

Jana: Na sicher, später einmal.

Andrea: Was bedeutet denn für dich eine Schwangerschaft und ein kleines Kind?

Jana: Wenn eine Frau schwanger ist, sagt man ja auch, dass sie guter Hoffnung ist, dass eine neue Hoffnung für ihr zukünftiges Leben in ihr wächst. Und mit jedem neugeborenen Kind kommt ein einmaliger, ganz neuer Mensch in die Welt, der am Anfang ganz viel Zuwendung, Liebe, Vertrauen und Pflege braucht.

Andrea: Siehst du, und so ein kleiner Hoffnungsträger wächst in deiner Seele, wie in der Seele eines jeden Menschen.

Jana: Sogar in Männern?

Andrea: Ja, auch in Männern.

Jana: Das heißt also dann im Klartext, dass ich, obwohl es mir im Augenblick so schlecht geht, weil mein Freund mich verlassen hat, hoffen darf, dass ich damit irgendwann fertig werde, und dass es vielleicht noch mal eine vielleicht sogar bessere Beziehung für mich gibt?

Andrea: Genau. Die Hoffnung ist da, auch wenn du sie im Augenblick noch nicht ganz klar wahrnehmen kannst.

Jana: Klingt echt gut. Also, das habe ich kapiert. Aber wozu dann diese Geschichte mit der Zeugung durch den Heiligen Geist und der Jungfrauengeburt? Da glaubt doch heute kein Mensch mehr dran.

Andrea: Jetzt stellst du wieder Fragen nach einer möglichen oder unmöglichen Historie. Ob sich das alles einmal – auch biologisch – so abgespielt hat, wie es in der Bibel steht. Stell dir wieder vor, die Geschichte vollzieht sich in dir. Die Zeugung durch den Heiligen Geist und die jungfräuliche Geburt bedeuten, dass etwas in dir wächst, was du nicht selbst machen, nicht selbst erzeugen kannst. Es ist ein großes Geschenk, das dir widerfährt. Denn dieser kleine Hoffnungsträger in deiner Seele ist ein ganz besonderes Kind, nämlich ein göttliches Kind. Es will dir noch viel mehr als eine neue Hoffnung für die nächsten Tage geben. Obwohl das, im Blick auf eine neue Liebe, schon viel ist. Es ist eine lebendige Kraft in dir, die dir hilft, die richtigen Wege für dein Leben zu finden, deine Ängste zu überwinden und deine Begabungen zu entfalten, damit du dich ganz zu dem Menschen entwickeln kannst, der in dir angelegt ist, und dein Leben, trotz mancher dunklen Erfahrungen, im Großen und Ganzen gelingen kann.

Jana: Ich kann also in mir selbst Antworten auf meine Fragen nach dem Sinn meines Lebens finden, wenn ich dann und wann in mich hineinfühle, meinst du das?

Andrea: Ja, genau.

Jana: Hm, das klingt ja gar nicht so schlecht. Ich frage mich nämlich oft genug, was der ganze Krampf hier soll, die Arbeit und all der Stress zu Hause. – Und Josef?

Andrea: Der wollte Maria – nach dem Matthäusevangelium jedenfalls – verlassen, als er hörte, dass sie schwanger war.

Jana: Typisch Mann, die sind doch alle feige.

Andrea: Nun, das kann man auch anders sehen. Schließlich hatte er noch nicht mit ihr geschlafen. Aber es geht hier wieder um den Josef in dir und mir.

Jana: Willst du damit sagen, dass ich auch so einen Feigling in mir habe.

Andrea: Aber sicher doch, ich auch. Aber es geht hier vielmehr um die Seite des Bewusstseins. Josef denkt nach, überlegt, entscheidet sich. Vom Verstand her.

Jana: Was hätte er auch sonst machen sollen?

Andrea: Nun, er hätte sich vielleicht ähnlich wie Maria auf sein Gefühl verlassen können. Schließlich wird er sie lieb gehabt haben. Maria ist offen und im wahrsten Sinne empfänglich für das Neue, das an ihr geschieht. Maria und Josef sind zwei starke Gegensätze, auch in dir und mir. Oder wie sieht das aus, wenn du Entscheidungen treffen musst? Auf welche Seite hörst du? Auf den Verstand, die Josefseite, oder eher auf die Marienseite, dein Gefühl?

Jana: Stimmt, ja, manchmal geht es mir wie Josef. Ich laufe vor Problemen davon. Ich versuche immer rationale Argumente zusammenzutragen und wundere mich dann, wenn ich Bauchschmerzen kriege. Und wenn ich dich jetzt richtig verstanden habe, kommt dieses Bauchweh vielleicht davon, dass ich meinen Gefühlen und Sehnsüchten zu wenig Raum lasse. Ich müsste manchmal also auch mehr aus dem Bauch heraus entscheiden, wie man so sagt. – Aber jetzt erkläre mir doch bitte, was die Engel bedeuten sollen!

Andrea: Die Engel sagen dem Josef, also dem Verstand, dass er umkehren soll. Dass er sich mit der Maria, der Gefühlsseite also, wieder verbinden soll. Weil man nur richtige Entscheidungen treffen kann, wenn man beiden Seiten ihr Recht gibt, dem Verstand und dem Gefühl. Und die Engel verkünden den Hirten die frohe Botschaft. Sie tauchen immer da im Leben, in der Seele auf, wenn ein Wendepunkt im Leben geschieht, wenn etwas

Neues bevorsteht. Sie sind so eine Art innerer Wegweiser, um zu helfen, die richtige Richtung im Leben einzuschlagen.

Jana: Wird mir denn mein innerer Engel sagen, ob ich nächstes Jahr eine andere Ausbildung anfangen soll?

Andrea: Ich bin sicher, dass es eine innere Stimme in dir gibt, die dir helfen wird, herauszufinden, was du wirklich willst, auch in der Frage des Berufswechsels.

Jana: Allmählich habe ich das Prinzip begriffen. Dann sage mir doch auch noch, was meine inneren Hirten für Gestalten sind, denen wird ja immerhin die Weihnachtsbotschaft zuallererst verkündigt.

Andrea: Die Hirten galten damals als Außenseiter, so eine Art Randsiedler, würde man heute sagen, die mit Glaube und Religion nicht viel am Hut hatten. Jetzt kannst du selbst weitermachen.

Jana: Die Hirten stellen demnach meine bedürftigen Seiten dar. Wenn ich mich einsam fühle und ausgegrenzt und nicht so richtig weiß, wo ich hingehöre. Kenne ich nur zu gut, das Gefühl, nachdem meine Eltern sich hatten scheiden lassen.
Und dass ich, gerade, wenn es mir schlecht geht, von Glaube und Religion nichts wissen will, das kenne ich auch. Als meine Oma letztes Jahr so schwer krank war, da hatte ich mal eine Zeit, in der ich zu Gott gefleht und gebetet habe. Aber ich habe vom sogenannten lieben Gott keine Antwort gespürt. Nachdem meine Oma dann gestorben war, habe ich aufgehört, an Gott zu glauben. Und du meinst nun, diese ungläubigen, vielleicht auch auf Gott wütenden, bedürftigen Gesellen in mir werden

von den Engeln ermutigt? Ihnen wird zugesagt, dass etwas ganz Wichtiges und Neues anfängt, weil da ja das Kind in mir, dieser göttliche kleine Hoffnungsträger, das Licht der Welt erblickt, richtig? Dass da, wo in meinem Leben schon so viel kaputt gegangen ist, wieder etwas heil wird und Verletzungen der vergangenen Jahre zuwachsen können? Und dass mir die inneren Engel den Weg weisen, wo es mit mir lang gehen soll. Richtig?

Andrea: Genau so meine ich das. Bleibt nur noch der Stern. Er weist dir den Weg zu dem Ort, an dem in deiner Seele dein kleiner göttlicher Hoffnungsträger, wie du Christus jetzt genannt hast, geboren wird. Schau hinauf zu den Sternen, an Weihnachten, in der Silvesternacht oder dann und wann an klaren Abenden, und erinnere dich daran, dass es helfende, rettende, heilende und richtungsweisende Kräfte in dir gibt, die dir in Krisenzeiten helfen können, mit den alltäglichen Problemen besser fertig zu werden.

Jana: Dann brauche ich mich nicht mehr zu fürchten, dass mein Leben keinen Sinn hat und dass es keine gute Zukunft geben wird. Das heißt, die Weihnachtsgeschichte hat ja richtig was mit mir und meinem Leben zu tun. Das hätte ich nun nicht gedacht. Da lohnt es sich ja wirklich, Weihnachten kräftig zu feiern.
Komm, jetzt gehen wir dahinten zu der Bude mit den Bienenwachskerzen. Da suche ich mir die Schönste aus, damit ich zu Hause dem kleinen göttlichen Hoffnungsträger in mir, mit dem meine Seele schwanger geht, schon mal ein Lebenslicht anzünden kann.

Werden dürfen wie ein Kind

An Weihnachten feiern wir die Geburt des Kindes in Bethlehem; es ist ein Kind, in dem Gott den Menschen nahe kommt. Vielleicht können uns gerade Kinder dazu beleben, verloren geglaubte Lebendigkeiten und Sehnsüchte in der eigenen Seele neu zu entdecken, damit wir erfüllter und sinnvoller leben und zu ganzheitlichen, glücklichen Menschen werden, damit der Himmel uns dann und wann trägt.

Geboren werden,
ein Kind werden,
dafür sagen wir auch:
das Licht der Welt erblicken.
Wir erblicken das Licht der Welt einmal
am Anfang unseres Lebens –
wachsen heran,
werden erwachsen.
Im Markusevangelium heißt es:
»Wenn ihr nicht werdet wie die Kinder,
werdet ihr nicht in das Reich Gottes eingehen.«
Die Welt erfassen wie ein Kind,
das heißt also:
auch im Erwachsensein
immer wieder das Licht der Welt zu erblicken,
uns selbst und die Welt neu wahrzunehmen.
Die Lichter, die wir anzünden,
sollen ein Symbol dafür sein.

Unbefangen in den Tag hinein leben
wie ein Kind
und sich der Faszination des Spiels,
der Lust am Augenblick ganz hingeben dürfen.
Die Welt im wahrsten Sinne des Wortes

mit allen Sinnen ertasten, erspüren, begreifen.
Staunen können.
Traurigkeit und Freude,
Begeisterung und Enttäuschung,
Liebe und Hass
unmittelbar Ausdruck geben.
Sich behütet und beschützt wissen
und sich nicht sorgen müssen
um Essen und Trinken,
um Nahrung und Lebensraum.
Jemanden haben,
dem man blindlings vertrauen kann,
der Tränen trocknet
und auf Wunden ein Trostpflaster legt.
Hin und wieder über die Strenge schlagen
und etwas Verrücktes tun,
das die starren Maßstäbe des Alltags
im wahrsten Sinne des Wortes ver-rückt
und ihnen damit ihre Strenge und ihren Ernst nimmt.
Nichts leisten müssen,
um angenommen
und geliebt zu sein.

Werden wollen,
werden können
wie ein Kind,
eine Illusion,
eine weltfremde Fantasie,
ein Traum?
Ein Traum von einer anderen Welt,
in der Menschen einander offen begegnen,
ohne gekünstelte Höflichkeit,
von einer Welt,
in der Kreativität und Fantasie
das Zusammenleben farbiger machen,

wo Lebenssinn mit allen Sinnen erfahren wird
und die Freude am Spiel, die Lust am Augenblick
wichtiger sind als Leistung und Nützlichkeit.
Der Traum von einer Welt,
in der Aggressionen spielend ausgetragen werden,
so dass es keinen Ernstfall mehr gibt,
und in der Menschen
sich miteinander freuen können,
auch wenn sie eine andere Hautfarbe haben
und eine andere Sprache sprechen
als man selbst.

Ist dieser Traum lebbar?
Vielleicht bleibt er eine Fantasie, ein Wunschgebilde,
eben ein Traum.
Aber Träume sind notwendig,
Träume bewegen und befähigen uns,
über das Bestehende hinauszudenken,
damit unser eigenes Leben glücklicher
und die Welt menschenfreundlicher wird.

Das perfekte Weihnachtsfest

Sie räkelte sich gemütlich im Bett und sah zum Fenster hinaus. Wie auf Bestellung hatte es angefangen zu schneien. Zarte weiße Flöckchen tanzten an ihrem Fenster vorbei. Pünktlich um 8 Uhr früh tönten Weihnachtslieder aus dem Lautsprecher ihres Radioweckers. Stefan, ihr jüngster Sohn, hatte ihr extra ein solches Gerät mit CD-Player geschenkt, damit sie des Morgens nicht von Wetter- oder Verkehrsnachrichten aus dem Schlaf geholt, sondern behutsam von ihrer Lieblingsmusik in den anbrechenden Tag geführt wurde. Aus der Küche strömte ihr der Duft von frisch gebackenem Brot und Bohnenkaffee entgegen. Sie genoss diese Segnungen der Technik, die ihr per Zeitschaltuhr die herrlichsten Düfte in die Räume zauberten, während sie sich selbst erst langsam erhob und ins Bad ging.

Schnell huschte sie im Bademantel zum Briefkasten, damit sie zum Frühstück in aller Ruhe die Zeitung lesen konnte. Endlich einmal ein Weihnachtsfest, ohne die ganze Familie zu Gast zu haben. In den vergangenen Jahren waren ihre drei Kinder mit den Enkeln bei ihr gewesen, und sie hatte am Heiligen Abend um diese Zeit schon morgens beim Metzger angestanden, um die bestellte Gans abzuholen. Auch das Geschrei, das Gejohle und Gezänk der Kleinen hatten sie ziemlich strapaziert. Man ist mit siebzig halt keine zwanzig mehr, hatte sie sich gesagt und war ganz froh, dass die Kinder in diesem Jahr zu Weihnachten miteinander eine Hütte in den Bergen gemietet hatten. Die Einladung, auch dorthin zu kommen, hatte sie ausgeschlagen. Heute würde sie es sich ganz alleine gemütlich machen.

Während sie sich gerade eine Tasse Kaffee eingoss, klingelte es an der Tür. Sie erfragte durch die Sprechanlage, wer da sei. »Die Post, ich habe ein Paket für Sie!«

Sie drückte auf den automatischen Türöffner. Mit flinken Schritten kam der junge Postzusteller die Treppen hinauf und reichte ihr ein Päckchen. Sie erkannte an dem Karton, dass es von einem großen Onlineversand kam. Das kann ich wohl jetzt schon einmal aufmachen, schließlich ist ja bereits Heiligabend. Sie holte ein Messer aus der Küche, ritzte das Paketklebeband auf, öffnete das Päckchen und entnahm ihm einen Kalender mit Rosenbildern für das kommende Jahr, daneben einen Zettel mit dem Namen ihres Jüngsten. Immerhin hat er sich daran erinnert, dass ich Rosen so liebe, dachte sie. Na ja, so schenkt man wohl heutzutage: Man geht ins Internet, sucht dort einen bestimmten Artikel aus, gibt eine entsprechende Versandadresse an – und schon hat man seine Pflicht getan. Kein großes Nachdenken, kein Stadtbummel, keine Parkplatzsuche, kein stressiges Einkaufen und Schlangestehen in den Geschäften, keine Qual der Wahl bei der Suche nach einem passenden Geschenkpapier, kein Gang zum Postamt. Ein Hauch von Verbitterung durchfuhr sie. Aber ich will mir den Tag dadurch nicht verderben lassen, dachte sie, frühstückte zu Ende und zog sich dann die warmen, gefütterten Stiefel an. Sie hatte sich für den Vormittag einen ausgiebigen Bummel über den Weihnachtsmarkt vorgenommen.

Hübsch sehen die bunten Buden im Schnee aus, dachte sie. Vom Karussell dröhnte ihr aus blechernen Lautsprechern »Ihr Kinderlein kommet« entgegen, während ein Leierkastenmann an der nächsten Ecke gleichzeitig »Stille Nacht« vor sich hin orgelte. Lebkuchenherzen wechselten mit blauen, roten und silbernen Kugeln, Zinnfiguren mit Holzweihnachtsmännern und Honigwachskerzen. Doch die rechte Weihnachtsstimmung wollte nicht aufkommen. Sie genehmigte sich einen Glühwein und eine Tüte von den verlockend duftenden, noch warmen gebrannten Mandeln, aber auch diese Genüsse änderten nicht viel an ihrer Gemütsverfassung. Nun, es lässt sich eben nichts erzwingen, dachte sie etwas enttäuscht.

Sie begab sich in eine stille Seitenstraße etwas abseits vom Trubel und holte ihr Handy aus der Handtasche, ein Geschenk ihrer Tochter Jutta. »Falls du mal irgendwo fällst oder sonst schnell Hilfe brauchst«, hatte Jutta gemeint. Die Notrufnummern von Polizei und Unfalldienst waren fest gespeichert. Jetzt aber wählte sie die Nummer einer alten Freundin, die vor ein paar Wochen in ein Seniorenstift gezogen war.

»Hallo Else, hier ist Lotte. Wäre es dir recht, wenn ich dir einen kleinen Besuch abstatte?«

»Schön, dass du anrufst, Lotte, wo bist du denn?«

»In der Schillerstraße, ganz in deiner Nähe.«

»Ja, dann komm doch noch auf ein Tässchen Tee vorbei. Lange bin ich allerdings nicht mehr da, meine Kinder kommen in einer Stunde und holen mich ab.«

»Dann bis gleich, Else.«

Das Stift war neu erbaut und machte einen äußerst gepflegten Eindruck. Den Eingangsbereich schmückte eine große Tanne mit einer Lichterkette, roten Kugeln und Lametta. Das kleine Appartement, das Else bewohnte, war hell und freundlich und mit ihren eigenen Möbeln eingerichtet.

»Das ist ja nett, dass du mich besuchen kommst, Lotte.« Else freute sich aufrichtig. Sie hatte schon die geblümten Teetassen auf den kleinen Couchtisch gestellt und einen köstlich duftenden Tee aufgebrüht.

»Setz dich doch, Lotte, wie geht es dir? Was machst du heute überhaupt in der Stadt, kommen deine Kinder nicht?«

Lotte erzählte ihrer Freundin, dass die Familie etwas anderes vorhatte und dass sie heute den Tag in aller

Ruhe und Gemütlichkeit verbringen wollte. Allerdings hatte sie sich beim Aufstehen heute früh noch sehr viel wohler gefühlt als jetzt. Doch das Plaudern mit Else lenkte sie ab.

Plötzlich klopfte es an der Tür und der fünfjährige Jan kam hereingestürzt, in der einen Hand noch eine klebrige Zuckerstange, als er schon auf Elses Schoß saß und sie drückte. »Komm, Oma, ich muss dir zu Hause meinen neuen Goldfisch zeigen, er heißt Florian.«

»Vorsicht«, mahnte sein Vater, der nach ihm ins Zimmer gekommen war, aber da klebte die Zuckerstange schon auf Elses Bluse.

»Macht nichts, Junge«, beschwichtigte sie ihren Sohn und sagte dann zu ihrer Freundin gewandt: »Tut mir leid, Lotte, komm doch im nächsten Jahr mal wieder vorbei. Ich freue mich, wenn du mich besuchst, aber ruf vorher an, damit ich auch da bin und du den Weg nicht vergeblich machst.«

Lotte Reimann stand schnell auf, schlüpfte in ihren Mantel und verabschiedete sich rasch. Sie hatte Glück. Der Bus kam gerade, als sie die Haltestelle erreichte. Eine halbe Stunde später war sie wieder zu Hause. Als sie die Wohnungstür aufschloss, öffnete ihre Nachbarin die Tür.

»Ach, Frau Reimann, schön, dass Sie da sind. Da ist vorhin eine Blume für Sie angekommen – per Fleurop«, setzte sie noch hinzu. »Danke, Frau Janssen, herzlichen Dank«, erwiderte Frau Reimann und nahm den eingewickelten Blumentopf in Empfang, der sich nach der Entfernung des Seidenpapiers als wunderschöner roter Weihnachtsstern entpuppte. »Frohe Weihnachten, Mutter, Dein Michael«, stand auf der beiliegenden Karte, die offenbar nicht von ihrem Ältesten selbst, sondern in aller Eile von einer Blumenverkäuferin geschrieben worden war. Alle haben sie an mich gedacht, versuchte sie sich selbst gut zuzureden, und dennoch konnte sie sich nicht so recht freuen.

Sie aß eine Kleinigkeit zu Mittag und legte sich danach hin, um sich von dem Spaziergang am Vormittag auszuruhen. Gegen drei Uhr stand sie wieder auf, um es sich bei Kaffee und Kuchen nun so richtig gemütlich zu machen. Sie hatte sich extra einen Dresdner Christstollen schicken lassen, der ihr an Weihnachten nicht fehlen durfte. Genüsslich schnitt sie sich zwei Scheiben ab und legte zu ihrer Kaffeestunde Bachs Weihnachtsoratorium auf. Während der zweiten Kantate holte sie das Weihnachtspaket von Jutta hervor, das schon vor einigen Tagen gekommen war, und öffnete es behutsam. Ihre Tochter hatte wieder einmal an alles gedacht. Eine Dose mit selbstgebackenen Weihnachtsplätzchen fand sie, das geliebte Marzipanbrot; dazu den Roman, den sie sich gewünscht hatte. Neben kleinen Basteleien der Enkel lag auch noch eine DVD in dem Päckchen. Sie stoppte die Musik und legte die DVD ein. Ihr Enkel Tobias erschien im Bild und sagte ein Weihnachtsgedicht auf. Dann folgten ganz persönliche gute Wünsche zu Weihnachten von Jutta und Harald, ihrem Schwiegersohn. Zum Schluss krähte auch ihr jüngster Enkel David ein »frohe Weihnachten, Ommi!« ins Mikrofon. Am Ende erklangen noch ein paar Weihnachtslieder, aufgenommen aus der letzten Volksmusiksendung vom vierten Advent.

Alles ist wie immer, dachte sie. Die Kaffeestunde mit Dresdner Stollen, die Blumen und Plätzchen, das Weihnachtsgedicht von Tobias. Trotzdem wollte die rechte Weihnachtsfreude noch immer nicht aufkommen. Halb unbewusst sehnte sie sich danach, dass Tobias es sich auf ihrem Schoß gemütlich machen und seine Ärmchen um sie schlingen würde. Warum hatte sie sich im vergangenen Jahr nur so darüber aufgeregt, als er dabei seinen Kakao über ihr neues Seidenkleid gegossen hatte?

»Wisst ihr eigentlich, was das Kleid gekostet hat?«, hatte sie Jutta und Harald angefaucht, »könnt ihr eure Kinder nicht besser erziehen?« Wie lächerlich ihre Reaktion damals gewesen war, begann sie erst jetzt zu ahnen.

Jetzt will ich mal sehen, was es Neues in der Welt gibt, dachte sie und schaltete den Computer ein. Erfreut sah sie, dass sie eine neue Mail hatte. Sie las: »Frohe Weihnachten, Mutter, mach es Dir nur richtig gemütlich, wir denken an Dich, Stefan und Hanna, Michael und Lisa, Jutta und Harald und die Kinder.« Wie können sie mir von ihrer Hütte aus eine E-Mail schicken?, dachte sie, bis ihr einfiel, dass das heutzutage auch mit einem Handy möglich war. Per Handy hätten sie mich ja auch anrufen können, überlegte sie, wollte aber nicht ungerecht sein. Immerhin haben sie alle an mich gedacht und auf ihre Art versucht, mir zu Weihnachten Freude zu machen, ging es ihr durch den Kopf. Sie konnte aber nicht verhindern, an Else zu denken und daran, wie sie heute von ihrem Sohn und ihrem Enkel abgeholt worden war. Wie schön wäre es, wenn jetzt eine klebrige Zuckerstange an ihrem guten Kleid Spuren hinterlassen würde, kam es ihr in den Sinn.

Sie sah sich schließlich den Gottesdienst im Fernsehen an und las anschließend ein wenig in dem Roman, den Jutta ihr geschickt hatte. Gegen Abend schob sie dann das beim Metzger erstandene, tief gefrorene Festessen in die Mikrowelle. Schon nach kurzer Zeit duftete es köstlich nach gebratener Gänsekeule mit Rotkohl und Kartoffelklößen. Sie hatte sich auf dieses Essen gefreut und es schmeckte wirklich lecker, aber ihr fehlte der rechte Appetit, so dass sie kaum die Hälfte aß und den Rest in den Kühlschrank stellte. »Das kann ich mir ja morgen noch einmal heiß machen«, sagte sie leise zu sich selbst. Was ist nur los mit mir, dachte sie. Ich habe doch alles, was ich brauche, und dennoch fühle ich mich nicht so recht wohl in meiner Haut. Ob ich mir heute früh auf dem Weihnachtsmarkt eine Grippe geholt habe? Sie setzte gerade Wasser auf, um sich einen Tee zu kochen, als es klingelte.

»Nanu, wer wird denn noch zu so später Stunde etwas von mir wollen?«, dachte sie. Es war inzwischen halb elf, und sie war bereits im Bademantel.

»Frau Reimann, bitte helfen Sie mir!«, hörte sie die Stimme der jungen Frau, die über ihr wohnte, durch die Tür. Sie öffnete schnell. Frau Gebhard war in Tränen aufgelöst.

»Bitte, Frau Reimann, wäre es wohl möglich, dass sie ein paar Stunden auf meinen Kleinen, den Julian, aufpassen? Der Bastian spuckt Blut und ich muss sofort mit dem Jungen in die Klinik. Aber ich weiß nicht, wie lange das dauern wird und was ich in der Zwischenzeit mit Julian machen soll. Ich kann ihn doch nicht mit ins Krankenhaus nehmen. Bitte, helfen Sie mir!« Schnell streifte Frau Reimann den Bademantel ab und zog sich wieder Rock und Pulli an. Mit für ihr Alter erstaunlichem, nahezu jugendlichem Schwung sprang sie hinter Frau Gebhard die Treppen hinauf und marschierte durch die angelehnte Wohnungstür geradezu ins Kinderzimmer. Der Junge war noch wach.

»Hallo, du bist der Julian? Ich bin die Oma Reimann, die unter euch wohnt. Ich bleibe jetzt bei dir, bis deine Mama wieder zurück ist, aber das hat sie dir sicher schon gesagt.«

Der Junge nickte. »Soll ich dir etwas vorlesen?«

Ohne die Antwort abzuwarten, nahm sie das erstbeste Bilderbuch vom Fußboden und begann, die Verse darunter zu lesen. »Lieber das Märchen vom Wolf und den sieben Geißlein«, bat Julian. In dem Augenblick kam Frau Gebhard hereingestürzt, den leichenblassen Bastian auf dem Arm. »Das Märchenbuch ist hier!« Sie hatte gerade den letzten Satz Julians aufgeschnappt und drückte Frau Reimann ein völlig zerfleddertes Buch in die Hand.

»Das Taxi ist da, in ein paar Stunden bin ich wieder zu Hause, und vielen Dank auch!«, rief sie der alten Dame noch zu, bevor sie im Treppenhaus verschwand.

Julian war aber mit einem Märchen allein nicht zufrieden. Er nutzte die Gunst der Stunde, um noch einmal aus dem Bett zu klettern und seine elektrische Eisenbahn über die neuen Weichen rattern zu lassen. Nachdem zwei Züge zusammengestoßen und entgleist waren, verlor er die Lust daran und wollte fernsehen. Dabei pflanzte er sich mit ungestümer Geste wie selbstverständlich auf Frau Reimanns Schoß und kuschelte sich an sie.

»Endlich habe ich auch einmal eine Oma«, sagte er. »Unsere richtige Oma will nichts von uns wissen, weil wir unehelich sind«, setzte er altklug hinzu. »Omas erlauben nämlich immer viel mehr als die Mama, jedenfalls sagen das alle in der Kita.«

Für kurze Zeit bot das Fernsehen spannende Bilder, dann begann der Junge wieder unruhig zu werden. »Kann ich noch etwas Schokoladencreme haben?«, bat er, »sie steht im Kühlschrank ganz unten.«

»Aber du hast doch sicher vorhin schon deine Zähne geputzt«, erwiderte Frau Reimann.

»Aber wenn du eine richtige Omi bist, dann kriege ich jetzt trotzdem noch was«, erwiderte der Kleine mit einem verschmitzten Gesichtsausdruck.

Welche »Oma« konnte da schon widerstehen. Sie spürte, wie ihr warm ums Herz wurde, ging in die Küche und füllte ein Schälchen mit der Sahnecreme. Es kam, wie es kommen musste. Wieder auf ihrem Schoß und gleichzeitig mit Essen und Fernsehen beschäftigt, landete bereits der dritte Löffel Mousse au chocolat auf ihrem cremefarbenen Pullover. Sie ging ins Bad, um den Klecks zu beseitigen, aber ein Fleck blieb. »Nun kommt es doch heraus, dass du noch genascht hast«, meinte sie. »Dann sagen wir einfach, dass du noch Pudding gegessen hast«, erwiderte der Kleine schelmisch. »Du bist ja ein ganz schöner Schlingel«, lächelte sie. »Das machen wir nicht. Jetzt werden die Zähne eben noch einmal geputzt und dann ab ins Bett.« Erstaunlicherweise gehorchte der Junge. Kaum lag er unter der Decke, da schlief er auch schon.

Kurze Zeit später kam seine Mutter zurück. »Sie haben Bastian über Nacht in der Klinik behalten, ich fahre morgen früh gleich wieder hin. Haben Sie es denn mit meinem kleinen Räuber gut ausgehalten?«

»Wir haben uns von Anfang an prächtig verstanden«, erwiderte Frau Reimann. Die Spuren der Puddingschlacht sah Frau Gebhard in ihrer Aufregung gar nicht.

»Wenn Sie morgen früh gleich wieder in die Klinik müssen, dann kommen sie doch mit Julian zum Frühstück zu mir. Dann haben Sie weniger Stress.«

»Ach danke, das ist lieb von Ihnen. Wenn Ihnen das wirklich nichts ausmacht, komme ich gern.«

»Und Julian können Sie am Vormittag dann auch bei mir lassen, etwas Spielzeug habe ich ja immer für die Enkel da.«

»Ich weiß nicht, wie ich das wiedergutmachen kann«, erwiderte die junge Frau.

»Da gibt es nichts wiedergutzumachen«, sagte Frau Reimann, »im Grunde genommen bin ich heute Abend beschenkt worden. Das richtige Leben ist eben doch ganz etwas anderes, als das, was einem die beste Technik vermitteln kann«, sagte sie leise zu sich selbst, um an Frau Gebhard gewandt laut hinzuzufügen: »Eine richtige Oma ist eben immer im Dienst.«

Beflügelt sein

Angesprochen
und in Anspruch
genommen werden
ermöglicht Begegnung,
die das Herz
leicht werden lässt,
die beflügelt
und das Leben
mit Sinn erfüllt.

Weihnachten – brauch ich nicht

Liebe Christa,

du fragst mich in deinem letzten Brief, warum ich denn überhaupt noch Weihnachten feiere, wenn ich doch mit der christlichen Botschaft nun ganz und gar nichts anfangen kann und die traditionellen Feiern in den Familien am Heiligen Abend bei Kerzenschein, Lametta und Gänsebraten als sentimentale Verlogenheit abtue? Als Antwort darauf will ich dir erzählen, wie ich im vergangenen Jahr versucht habe, wirklich konsequent zu sein, und wie es mir dabei ergangen ist.

Weihnachten ist ein Relikt der bürgerlichen Gesellschaft, dachte ich in der Tat. Was sollten all die klerikalen Floskeln und frommen Gesänge von »Friede auf Erden« in einer Welt, die den Holocaust zugelassen hatte, die durch Tschernobyl nicht aufgerüttelt worden war und die den weltweiten Kriegen weitgehend hilflos zusah. Als emanzipierte und politisch engagierte Frau konnte ich gut und gerne auf dieses ganze scheinheilige Getue verzichten.

Zu Hause war es ja nicht anders. Das ganze Jahr über redete man kaum miteinander, geschweige denn, dass irgendeiner in der Familie jemals auf die Idee gekommen wäre, ein gemeinsames Lied anzustimmen. Und plötzlich versuchte man sich hilflos an »Stille Nacht« und tat so, als hätte es die vielen Unstimmigkeiten und Streitereien das ganze Jahr über nicht gegeben. Das war doch alles nur ein einziges verlogenes Theater. Ohne mich.

Nur die gemütlichen Abende mit dem jeweiligen Partner, einem leckeren Essen und einem guten Gespräch oder eine Party bei Freundinnen und Freunden, zu denen ich mich nach den entnervenden Familienfeierlichkeiten zurückziehen konnte, sind mir noch in guter Erinnerung gewesen.

Im vergangenen Jahr war ich partnerlos. Meine Bekannten hatten alle etwas Eigenes vor, so dass ich beschloss, den Heiligen Abend wie jeden anderen Tag zu verbringen. Bis 14 Uhr waren die Geschäfte geöffnet, also war erst einmal »shopping« angesagt. Ich erstand einen schicken Pullover, einen Krimi und zwei CDs, die ich schon lange haben wollte, und war recht zufrieden mit mir. Dann ging ich nach Hause, legte mich auf mein Sofa, las noch eine Weile in dem spannenden Krimi, den ich mir morgens gekauft hatte, und döste etwas vor mich hin.

Als ich wieder aufwachte, kochte ich mir einen starken Kaffee und schaltete den Fernseher ein. Kinderchöre, Weihnachtsoratorium, Vespergottesdienst, Familienfilme. Muss ich nicht haben, dachte ich, schaltete den Fernseher wieder aus und holte mir meinen Mantel.

Ein kleiner Spaziergang im Dämmerlicht wird mir gut tun, beschloss ich, und machte mich auf den Weg. Wohlig sog ich die kühle Luft in mich ein. Der Himmel war sternenklar. Ich war noch nicht weit gegangen, als ich sah, dass fast überall hinter den Fenstern Kerzen an den Weihnachtsbäumen brannten oder warmes Licht durch die zugezogenen Vorhänge fiel. In nahezu jeder Wohnung schien sich eine gemütliche Atmosphäre auszubreiten.

Ist ja doch alles verlogen, dachte ich, heute machen alle auf »Friede-Freude-Eierkuchen« und morgen streiten sie sich wieder. Nein, darauf kann ich selbst nun gut und gerne verzichten. Aber ich hatte auch keine Lust mehr, den angefangenen Spaziergang fortzusetzen. Irgendwie machte sich ein dumpfes, dunkles Gefühl in mir breit.

Werde jetzt bloß nicht sentimental, schimpfte ich leise mit mir selbst und eilte mit schnellen Schritten wieder nach Hause. Aber auch hier wurde ich dieses dumpfe Gefühl in der Magengegend nicht los. Wie ein dunkles Gespenst schien es mich in seinen Krallen zu haben.

Ich versuchte, es durch Aktionismus zu verscheuchen. Du brauchst diese Gefühlsduselei am 24. Dezember nicht, also tu was, machte ich mir Mut. Aber was? Haare färben, fiel mir ein. Also ab ins Bad. Eine Stunde später stand ich mit frischem roten Haar vor dem Spiegel. Und jetzt?

Das Bad könnte mal wieder geputzt werden. Ich bewaffnete mich mit Scheuermittel, Bürste, Schwamm und Lappen, mit Essigreiniger und Schrubber. Mit Feuereifer rieb, scheuerte, putzte und wienerte ich, wie noch nie. Selbst die Armaturen glänzten miteinander um die Wette.

Als ich fertig war, war es 22 Uhr. Da lag ich nun auf dem Sofa, die Haare rot, das Bad blitzblank, lauschte den soften Klängen von Phil Collins und heulte hemmungslos.

Ich verstand mich selbst nicht mehr. War ich nicht in der Lage, konsequent zu sein? War ich noch nicht erwachsen genug geworden, um mich von Kindheitserinnerungen und den schönen Gefühlen, die damals mit Tannenbaum und Kerzenschein verbunden gewesen waren, zu lösen? Konnte ich mich als Einzelne der kollektiven Emotionalität, die in den Weihnachtstagen aufbrach, nicht entziehen? Oder sollte etwa in mir selbst, ganz tief und verborgen, eine sentimentale Ader schlummern, oder noch schlimmer, gar eine religiöse Sehnsucht nach unbedingtem Angenommensein, nach Rettung und Heilung, nach versöhntem Leben und tiefem inneren Frieden, also nach dem, was die Christen als zentrale Weihnachtsbotschaft verkündigen? Hatte ich versucht, solche Gefühle im wahrsten Sinne des Wortes zu »übertönen« und »wegzuwischen«?

Ich weiß es nicht. Vielleicht finde ich eines Tages eine Antwort auf diese Fragen. Aber etwas anderes weiß ich: Dass ich lernen will, stärker auf meine Gefühle zu achten und vermehrt in mich hineinzuhorchen auf das, was ich im Grunde wirklich will. Und dass ich das Angebot von Sven und Jutta, in diesem Jahr das Weihnachtsfest mit ihnen zu verleben, ganz gewiss annehmen werde.

Ganz liebe Grüße,
Deine Marion

Wo sind die Engel geblieben?

Wo sind die Engel geblieben,
die einst von Frieden gesungen?
Ist ihre frohe Verheißung
im Geschrei der Kriege verklungen?

Wo sind die Engel geblieben
und ihr Ruf »Fürchtet euch nicht!«
Steht doch fast jedermann heute
Zukunftsangst im Gesicht.

Wo sind die Engel geblieben,
und die Hoffnung auf Rettung und Heil?
Sorgen und Langeweile
machen uns müde derweil.

Wo sind die Engel geblieben?
Mit ihrem hellen Licht
wollen sie dich und mich wärmen:
»Freu dich und fürchte dich nicht!«

Nur da, wo der Frieden gesiegt hat
und die Freude lacht weit und breit,
wo die Furcht ihr Ende gefunden,
dort nur ist Weihnachtszeit.

Eine Heilige Nacht?

»Das ist ja echt cool, Eddy, dass du auch kommst. Haben dich deine Alten doch ziehen lassen?«

»Na ja, es war schon ganz schön schwierig, mich loszueisen. Weihnachten wird bei uns eben immer auf Familie gemacht. Mir wurde erst mal vorgequatscht, dass doch nun einmal die Großeltern da wären und meine Patentante und, und, und. Aber so gegen 22 Uhr habe ich dann einfach meine Jacke genommen und bin gegangen.«

»Na, das wird morgen dann wohl ganz schön Ärger geben.«

»Ist mir egal. Ich finde dieses ganze familiäre Getue an Weihnachten sowieso total nervig.«

»Ach, sieh mal, da sind auch Sonja und Timo. Hallo ihr beiden, fröhliche Weihnachten.«

»Wollen wir uns schon mal was zu trinken bestellen?«

Susi war unheimlich gut gelaunt. Ihre Eltern hatten nichts dagegen gehabt, dass ihre achtzehnjährige Tochter sich am Abend noch mit ein paar Freundinnen und Freunden im Canapé, einer Szenekneipe für Jugendliche, treffen wollte. Das schien unter jungen Leuten heutzutage wohl so »in« zu sein. »Wenn du noch ein bisschen auf deine Art feiern willst, dann geh nur«, hatten sie schmunzelnd gesagt. »Wir beiden ›Alten‹ machen es uns zu Hause noch bei einem Glas Wein gemütlich.« Bei dem Wort »Alten« musste Susi lächeln. Ihre Eltern waren beide erst Ende dreißig und hatten, vielleicht weil sie selbst noch recht jung waren, viel Verständnis für ihre Tochter.

»Ach, ich gebe erst einmal eine Flasche ›Secco‹ aus«, plauderte Susi fröhlich weiter. »Mein Vater hat mir nämlich, bevor ich gegangen bin, noch schnell 50,– Euro zugesteckt.«

»Hast du es gut.« Eddy war richtig neidisch.

»Wo wohl Mona und Tom bleiben? Die sind doch sonst immer die ersten«, wunderte sich Sonja.

Inzwischen hatte der Kellner den Sekt gebracht und die Gläser der jungen Leute gefüllt. »Na, dann stoßen wir doch erst einmal an, auf einen fröhlichen Weihnachtsabend!«

»Und, Leute, was habt ihr denn so gekriegt?«, fragte Timo.

»Seht mal hier, diese tolle Uhr hat mir meine Omi geschenkt.« Susi war stolz auf dieses wirklich ausgefallene und modische neue Schmuckstück.

Ansonsten tauschten sich die Jugendlichen über PCs, Software und Videospiele aus. Eddy, in dessen Elternhaus das Geld nicht so reichlich floss, schämte sich fast zu sagen, dass er nur eine neue Jacke bekommen hatte. Allerdings eine aus echtem Leder, schwarz und schick, wie er sie schon lange gerne gehabt hätte. Aber was war schon ein Kleidungsstück gegen all die Herrlichkeiten, von denen die anderen erzählten.

Der Sekt floss und alle waren guter Laune, als Mona plötzlich leichenblass hereingestürzt kam. Sie zitterte am ganzen Körper, weinte und konnte zunächst keinen zusammenhängenden Satz herausbringen. »Jetzt trink erst einmal einen Schluck und beruhige dich, Mona. Wo ist denn Tom?« Susi war seit einigen Monaten mit Tom befreundet und hatte sich schon den ganzen Tag darauf gefreut, ihn heute Abend hier zu treffen.

»Es war so furchtbar«, brachte Mona schließlich mühsam hervor. »Der Unfall …«

Susi war blass geworden. Die gute Laune war schlagartig verflogen. »Mona, jetzt rede doch endlich, was ist mit deinem Bruder passiert?« Mona holte tief Luft. Sie bemühte sich, sich zusammenzureißen, um den anderen Bericht zu erstatten. »Unsere Eltern haben sich gestritten, wie jedes Jahr an Weihnachten. Unser Vater hatte mal wieder zu viel getrunken und ist auf unsere Mutter los. Tom ist noch dazwischengegangen. Dann ist er plötzlich zur Tür gerannt, hat den Autoschlüssel geschnappt und ist losgefahren.« Mona wurde von einem neuen Weinkrampf geschüttelt. »Nun rede schon, was ist passiert, ist Tom, ist er etwa …?« Das entsetzliche Wort wollte nicht über Susis Lippen kommen.

Mona schüttelte den Kopf. »Er liegt im Krankenhaus, er ist bewusstlos. Er hatte zu Hause auch schon ein paar Wodka getrunken – bei dem ganzen Stress«, fügte sie leise und jetzt auch etwas gefasster hinzu. »Und ich vermute, dass er dann auch noch Ecstasy geschluckt hat.« Ein paar Mal hatten die Freunde gemeinsam ein paar bunte Pillen genommen. Es war ja kein Problem, daran zu kommen; selbst auf dem Schulhof gab es Dealer. »Nur mal so zum Ausprobieren«, hatte Sonja noch gemeint. Sie kannten die Warnungen ihrer Eltern und Lehrer vor jeder Art von Drogen, aber wer will in diesem Alter schon auf die Mahnungen Erwachsener hören. »Die haben doch in ihrer Jugend selbst gekifft, die sollen sich jetzt bloß nicht so aufspielen«, hatte Tom gemeint.

»Tom ist dann wohl total aufgedreht durch die Gegend gefahren«, erzählte Mona jetzt ruhig weiter. »Sie haben ihn bei Neudorf gefunden, er ist dort mit hoher Geschwindigkeit in eine Leitplanke gerast.«

»Weißt du denn etwas über seine Verletzungen?« Susi konnte die Tränen kaum noch zurückhalten. »Die Ärzte konnten uns noch nichts Genaues sagen, aber es ist möglich, dass er nie wieder gehen kann.« Jetzt begann auch Mona wieder zu schluchzen.

»Und wie haben eure Eltern das aufgenommen?«, fragte Eddy. »Zuerst haben sie sich in all der Aufregung gegenseitig beschimpft und die Schuld gegeben. Es war furchtbar. Erst, als sie zu begreifen schienen, was passiert war, fielen sie sich plötzlich in die Arme und sind mit einem Taxi sofort ins Krankenhaus gefahren. Sie haben mich dann von dort angerufen und ich bin daraufhin hierher gekommen. Zu Hause hätte ich es keine fünf Minuten länger ausgehalten.«

Die Clique war still geworden. »Kommt, lasst uns von hier verschwinden!«, meinte Susi, »ich halte die Musik und all die ausgelassenen Leute um mich herum nicht mehr aus.« »Und was wollen wir jetzt machen?«, fragte Eddy. »Wir können doch jetzt nicht einfach nach Hause gehen und so tun, als sei nichts vorgefallen.« »Vielleicht sollten wir ins Krankenhaus fahren«, schlug Sonja vor. »Du glaubst doch nicht allen Ernstes, dass die uns da rein lassen, nachts um elf Uhr?« Sonja schwieg betreten.

»Am besten gehen wir erst noch mal alle zu mir«, erwiderte Susi, »meine Eltern werden schon nichts dagegen haben.«

Susis Eltern waren zunächst zwar schwer erstaunt, als die ganze Clique so spät noch vor der Tür stand, hatten aber kein Problem damit, die jungen Leute hereinzulassen, nachdem sie gehört hatten, was vorgefallen war. Susis Mutter schmierte erst einmal stillschweigend einen Stapel Brote und stellte Cola, Sprudel und Bier auf den Tisch.

»Irgendwie sind wir ja auch mit schuld«, meinte Sonja nach einer Zeit der Stille. »Schließlich habe ich letztes Jahr die Pillen zum ersten Mal besorgt.« »Aber da konnte doch keiner ahnen, dass Tom heute Abend davon etwas schluckt, weil er im Stress war, und dann noch Auto fährt.«

»Vielleicht haben wir Toms Klagen über sein zerstrittenes Elternhaus nicht ernst genug genommen. Ich habe, ehrlich gesagt, manchmal darüber gelacht, wenn er wieder erzählt hat, dass es zu Hause bei ihm Ärger gegeben hat.« »Wir haben wohl wirklich oft zu wenig miteinander geredet«, schaltete sich jetzt Mona ein. »Wir wollten immer nur unseren Spaß haben, gut drauf sein und so.« »Das stimmt schon irgendwie«, meinte Sonja, »als es mir damals so schlecht ging, nachdem Stefan mich verlassen hatte und ich mit euch darüber reden wollte, habt ihr sofort abgeblockt. Bloß keine Probleme wälzen, das Leben ist hart genug, hast du noch zu mir gesagt, Eddy. Und damit war das Thema erledigt.« Eddy sah schuldbewusst auf den Boden. »Stimmt«, meinte er »das tut mir echt leid.«

»Und was machen wir jetzt?«, fragte Sonja in die plötzliche Stille hinein. »Wir treffen uns morgen gegen elf Uhr am Eingang des Marienkrankenhauses«, schlug Mona vor.

Es war schon fast drei Uhr morgens, als sich die Freunde trennten. Aber am Morgen des ersten Weihnachtsfeiertages standen sie alle wie verabredet pünktlich um elf Uhr am Eingang der Klinik.

»Tom Habermann, der liegt hier auf der Intensivstation, zu dem können Sie jetzt nicht«, gab die Stationsschwester Auskunft. »Ich bin seine Freundin, bitte, lassen Sie mich wenigstens für einen Augenblick zu ihm«, flehte Susi. Sie hatte die ganze Nacht nicht geschlafen und sah völlig verweint und erledigt aus. Die Schwester zeigte Erbarmen. »Aber nur für fünf Minuten«, sagte sie streng und gütig gleichermaßen. »Er ist immer noch bewusstlos. Nehmen Sie nur seine Hand, vielleicht spürt er ja, dass Sie da sind.«

Leise betrat Susi das Krankenzimmer. Sie hatte sich schon Schlimmes vorgestellt, aber dass Tom völlig in Verbandsmaterial verschwunden und von seinem Gesicht kaum noch etwas zu sehen war, erschreckte sie doch zutiefst. Aber sie überwand ihr Entsetzen schnell und setzte sich an sein Bett. Liebevoll streichelte sie seine Hand und flüsterte, wie sehr sie ihn liebe und dass er doch bitte wieder ganz gesund werden müsse. Dann kam die Schwester und beendete den kurzen Besuch.

»Und, nun erzähl schon, wie geht es ihm?« Die anderen überfielen sie geradezu mit Fragen. Vor allem Toms Schwester Mona, die Susi nur mühsam den Vortritt gelassen hatte. »Er ist noch bewusstlos«, sagte Susi leise. »Aber ich glaube, dass alles gut werden wird«, setzte sie plötzlich mit fester Stimme hinzu. »Und wie kommst du zu diesem Eindruck?«, fragten Eddy und Mona wie aus einem Munde. »Tom ist stark«, erwiderte Susi lächelnd, »und wenn wir ihm jetzt alle miteinander beistehen, wird er es bestimmt schaffen!« Die anderen erwiderten nichts. Wahrscheinlich machte sich Susi selbst Mut. Was sollte sie denn machen, wenn Tom wirklich gelähmt blieb? Oder gab es doch Ahnungen von Menschen, die wirklich liebten? Und was meinte sie damit, dass sie Tom jetzt alle beistehen müssten. Sollten sie ihn abwechselnd im Rollstuhl durch den Park schieben?

»Als ihr heute Nacht alle gegangen wart«, sagte Susi zögerlich, »habe ich noch eine Stunde lang mit meinen Eltern zusammengesessen. Und die meinten, dass Weihnachten doch bedeuten würde, dass es eine Hoffnung auf neues Leben gibt, auf richtiges Leben, das sich in echter Anteilnahme am anderen zeigt und nicht in so einem oberflächlichen Umgang, wie wir ihn oft miteinander gehabt haben.« Sie machte eine Pause und holte tief Luft. »Und deshalb glaube ich jetzt ganz fest, dass Tom es mit unserer aller Hilfe schaffen wird, wieder gehen zu lernen«, setzte sie mit fester, sicherer Stimme hinzu und verbreitete damit auch bei den anderen eine optimistische, nahezu fröhliche Stimmung. »Ist doch klar, dass wir zusammenhalten und für Tom tun werden, was wir können«, meinte Eddy. Alle anderen stimmten zu.

Und die jungen Leute hielten Wort. Tom erwachte nach zwei Wochen aus dem Koma und wurde nach weiteren vier Wochen Krankenhausaufenthalt in eine Rehabilitationsklinik überwiesen. Nach einem festen Plan besuchten ihn die Freundinnen und Freunde, so dass er weder abends noch an den Wochenenden allein war. Sie arbeiteten mit ihm den Unterrichtsstoff durch, damit er das Schuljahr nicht würde wiederholen müssen, und halfen ihm bei seinen ersten Versuchen, den Rollstuhl zu verlassen.

»Das Rückenmark wurde nicht vollständig durchtrennt«, meinten die Ärzte, »er wird zumindest kleine Wege und kurze Strecken wieder gehen können, wenn er tapfer übt.« Tom war oft niedergedrückt, ja regelrecht depressiv. Seine Clique war es, die ihm dann neuen Mut machte. Während ihrer Besuche ergaben sich immer wieder Gespräche, die längst nicht mehr so oberflächlich waren wie früher.

Mit dem Ecstasy hatten sie alle miteinander aufgehört und keiner wagte sich auch nur mit einem Schluck Alkohol ans Steuer. »Schlimm«, meinte Timo eines Tages, »dass Tom erst so etwas passieren musste, damit wir vernünftig werden.« Die anderen schwiegen betreten.

Und dann kam nach drei Monaten endlich der Tag, an dem Tom aus der Rehaklinik entlassen wurde. Die ganze Clique schwänzte morgens die Schule, um pünktlich vor Ort zu sein. Dann fuhren sie mit ihm zum Canapé, dorthin, wo sie am Heiligen Abend des vergangenen Jahres vergeblich auf ihn gewartet hatten. Die Schritte vom Auto bis zum Lokal konnte er mit Hilfe eines Gehstuhls alleine bewältigen.

Ganz unvermittelt sagte Susi plötzlich: »Fröhliche Weihnachten«, obwohl es Mitte Mai war. Niemand lachte, im Gegenteil. Alle stimmten mit ein: »Frohe Weihnachten, Tom!« Und sie stießen am helllichten Mittag miteinander an, um Toms Rückkehr ins Leben, seine Hoffnung und ihre in den letzten Monaten gewachsene Freundschaft zu feiern.

Ob Tom jemals wieder richtig laufen lernen wird, ist, von medizinischer Seite her betrachtet, noch ungewiss. Aber dass aus einer Discoclique Freundinnen und Freunde geworden waren, dass Susi ihn, auch mit seiner Behinderung, wirklich liebte, und dass ihn alle in den vergangenen Monaten den Rücken gestärkt hatten und ihn auch in Zukunft liebevoll begleiten würden, das war sicher.

Tröste dich

Trost dem Kummer deiner Seele,
allen Ängsten, die dich drücken,
ist Befreiung angesagt.
Auch die Dürre nimmt ein Ende,
die verkrümmten Wege weisen Richtung dir
nach vorn.
Was dich täglich sterben ließ,
ist vergangen;
Hoffnung schenkt dir langen Atem –
deine Sehnsucht wird gestillt.

(nach Jesaja 40,1–5)

Erzähl mir von Maria

Claudia freute sich schon auf den gemeinsamen Adventsnachmittag mit Natalie. Liebevoll hatte sie den Tisch gedeckt, zwei Kerzen am Adventskranz angezündet und einen Teller mit selbstgebackenen Lebkuchen gefüllt. Pünktlich um 16 Uhr klingelte es. Die beiden Freundinnen begrüßten einander herzlich. Während Claudia Tee kochte, sah Natalie sich Claudias weihnachtliche Bastelarbeiten an.

Natalie: Die kleinen Engel sehen ja niedlich aus. Du bist ein Genie, was Kreativität angeht. Wenn ich das hier richtig sehe, bist du mit deinen Vorbereitungen ja schon fast fertig.

Claudia: Ja, ich bin mit allem immer früh dran. Ich habe sogar schon mit meiner Weihnachtspost angefangen. Sieh nur, sind diese Ikonen nicht schön?

Natalie: Was denn, du verschickst zu Weihnachten Karten, auf denen die Maria abgebildet ist? Das verstehe ich nicht. Ich denke, ihr Protestanten glaubt nicht an Maria als Gottesmutter. Und die Jungfrauengeburt leugnet ihr doch sowieso.

Claudia: Als physisches Wunder, ja. Wir glauben nicht, dass Maria im biologischen Sinne noch Jungfrau war.

Natalie: Na also.

Claudia: Nichts, na also. So schnell sind wir mit dem Thema noch nicht fertig.

Natalie: Was gibt es denn dazu noch zu sagen?

Claudia: Einiges. Denn in der Antike ging es bei dem Thema Jungfrauengeburt überhaupt nicht um das biologische Phänomen. Mitten im jüdischen Israel war zum Beispiel auch der ursprünglich aus Ägypten stammende Isis-Kult gegenwärtig. Die Gottesmutter Isis wird häufig als sitzende Frau mit einem kleinen Kind auf dem Schoß dargestellt, ähnlich, wie bei uns die Maria. In solchen Kulten, in denen eine Muttergöttin verehrt wurde, waren Mutterschaft und Jungfrauenschaft kein Widerspruch. Der Begriff der Jungfrauenschaft bedeutete Autonomie, unabhängige religiöse Kompetenz und selbstständige, schöpferische Potenz.

Natalie: Ach so. Du meinst: Dann hat Lukas in seiner Weihnachtsgeschichte deshalb den Begriff der Jungfrau auf Maria angewandt, weil er damit sagen wollte, dass nur eine besondere, starke und unabhängige Frau Jesus zur Welt bringen konnte. Ich frage mich allerdings, wie es gekommen sein mag, dass sich der Begriff der Jungfrauengeburt im Verlauf der Kirchengeschichte auf das biologische Phänomen gerichtet hat.

Claudia: Vermutlich hat innerhalb der patriarchalen Kultur des Abendlandes die Angst der Männer vor der Urkraft des Weiblichen dazu geführt. Die Erwartung an Frauen, körperlich jungfräulich in die Ehe zu gehen, war damit natürlich auch ein Instrument der Männer, die Frauen zu kontrollieren und sie sich damit zugleich zu unterwerfen.

Natalie: Aber noch mal zurück zur Maria. Wenn sie durch das Bild der Jungfräulichkeit im damaligen Vorstellungshorizont als tüchtige und selbstständige, unabhängige Frau beschrieben wird, wie du gesagt hast, dann heißt das doch zugleich, wenn wir dieses Bild weiter übertragen, dass Maria nicht so eine stille, bescheidene und demutsvolle Frau war, wie sie immer gern in der Kirche, vor allem bei uns Katholiken, dargestellt wird.

Claudia: Ja, das denke ich auch. Überlege einmal, was sie alles durchgemacht hat.

Natalie: Na ja, sie war schwanger und bekam ihr Kind, ohne verheiratet zu sein, was ja damals noch ein Skandal war. Dann musste sie mit ihrer Familie fliehen. Später wurde sie sogar einmal von ihrem erwachsenen Sohn zurückgewiesen, was ihr sicher sehr weh getan hat. Zudem musste sie auch noch mit ansehen, wie er zum Tode verurteilt und umgebracht worden ist. So betrachtet, ein ganz schön schweres Frauenschicksal.

Claudia: Das sehe ich auch so. Viele Frauen, gerade auch in Südamerika und Südafrika, die ähnliche Schicksale erdulden mussten und müssen, haben sich im Laufe der Jahre mit dieser Maria identifiziert und sich nach und nach von den traditionellen Vorstellungen der allzeit dienstbaren Frau befreit. Maria tritt gleichsam von den Altären herunter und wird zur Protagonistin der leidenden Frauen: Sie hat ihr Schicksal ertragen, ohne daran zu zerbrechen; sie hat immer wieder Kraft geschöpft aus dem Glauben an einen Gott, der auf der Seite der Armen, Unterdrückten und Entrechteten steht. Und genau das ist ihr Vermächtnis an uns …

Natalie: … und dass wir uns auch gegen Unterdrückung, Ausbeutung und Ungerechtigkeit engagieren, ganz gleich, wo und in welcher Art und Weise sie uns oder anderen Frauen weltweit geschieht. Das heißt also, Maria ist so eine Art Vorkämpferin für die Befreiung der Frau.

Claudia: Verstehst du jetzt, warum ich an einige meiner Freundinnen Weihnachtskarten mit einem Bild der Maria darauf verschicke?

Natalie: Ja, jetzt kann ich das nachvollziehen. Ich werde mir später auf dem Nachhauseweg auch einige Kunstkarten mit dem Marienmotiv mitnehmen. Aber jetzt trinken wir erst einmal unseren Tee.

Marias Lobgesang

Ich will meinen Gott loben
und über seine befreiende Kraft
ein Jubellied anstimmen:
nicht für den Gott in der Höhe,
der von den Reichen, den Herren
und Mächtigen dieser Welt
angebetet und verehrt wird,
sondern für den Gott in der Tiefe,
der sich all denen offenbart,
die arm sind oder schwach,
die durch Vorurteile ausgegrenzt werden
oder nicht viel zu melden haben
in einer patriarchal gegliederten Welt.
Du, mein Gott, duldest keine Herrschaftsstrukturen,
in denen die einen die Machthaber
und die anderen die Unterdrückten
und Ausgebeuteten sind.
Ich vertraue darauf, dass du mir die Kraft schenkst,
gegen jedwede Ungerechtigkeit in der Welt
den Aufstand zu wagen,
um eine Gesellschaft zu schaffen,
in der ein jeder Mensch
– dir zum Ebenbild erschaffen –
gleiche Rechte und Pflichten hat
und in seiner Menschenwürde geachtet
und gewürdigt wird.

(Nach dem Magnificat, Lukas 1,46–55)

Ein wundervolles Geschenk

Es war einen Tag vor dem Heiligen Abend, als ich in Rio de Janeiro landete, um das erste Mal meinen Mann zu besuchen, der für zwei Jahre in Brasilien arbeitete. Es war schon recht ungewohnt, zu dieser Zeit in sommerlicher Kleidung an einer der zahlreichen Saftbars einen frisch gepressten Orangensaft zu trinken.

Am Morgen des Heiligen Abends besprachen wir, was noch einzukaufen sei. Lebensmittel hatte mein Mann schon besorgt, dazu eine Art Konifere, die ich, im Bikini bekleidet, später mit einigen Kugeln und Lametta zu etwas Weihnachtsbaumähnlichem gestaltete. Aber wir kamen überein, dass wir neben einigen Haushaltsgeräten auch dringend ein Behältnis für schmutzige Wäsche brauchten.

Nun ist es bei uns in Deutschland kein Problem, mal eben irgendwo einen Wäschekorb zu erstehen, weil man sofort weiß, in welcher Abteilung eines Kaufhauses Haushaltswaren zu finden sind. In Brasilien ist das etwas schwieriger. Man hat Glück, wenn man zum Beispiel zwischen CDs, Wäsche und Spielzeug auch eine Tortenform findet. In unserem kleinen Ort war die Anzahl der Geschäfte und potenziellen Möglichkeiten, einen Wäschekorb zu finden, allerdings relativ begrenzt, so dass wir ziemlich schnell fündig wurden. Der Wäschekorb zum Preis von umgerechnet 10,– Euro wurde uns freundlich an die Kasse getragen und dort von einer jungen Frau liebevoll in Unmengen von Papier verhüllt. Während dieser Beschäftigung, die selbst den Verpackungskünstler Christo hätte vor Neid erblassen lassen, strahlte mich die Verkäuferin an und fragte: »Presente para Senhora?« Ich schüttelte entsetzt den Kopf und dachte, das wäre ja noch schöner, wenn mir mein Mann zu Weihnachten einen Wäschekorb schenken würde. Die Verkäuferin wirkte völlig verständnislos.

Ich war, wie gesagt, erst den zweiten Tag in Brasilien und konnte diese Szene erst später, als ich länger dort lebte, verstehen. Ein Brasilianer verdiente seinerzeit, wenn er den gesetzlich angeblich garantierten Mindestlohn überhaupt erhielt, umgerechnet etwa 65,– Euro im Monat. Davon musste er, bei zum Teil vergleichbar hohen Lebensmittelpreisen wie bei uns, oftmals eine achtköpfige Familie ernähren. Schon Joghurt, Käse und Fleisch waren kaum erschwinglich.

Die Verkäuferin wäre überglücklich, wenn sie von ihrem Mann so ein wundervolles Geschenk wie einen geflochtenen Wäschekorb zu Weihnachten bekommen würde, einen Gegenstand, den wir »mal eben so« als Gebrauchsgegenstand mitnahmen.

Ich denke heute noch oft an diese Szene. Was schenken wir uns denn in Deutschland zu Weihnachten? Bücher, CDs, Schmuck oder edle Parfums, ohne dass wir solche Gaben schon als etwas Besonderes ansehen. Kühlschrank, Kaffeemaschine und Fernseher oder eben ein einfacher Wäschekorb sind für uns selbstverständlich. So etwas hat »man« eben, meinen wir, ohne zu bedenken, dass vieles von dem, was unserer Ansicht nach ganz normal zum Leben dazugehört, für einen Großteil der Weltbevölkerung der absolute und vielleicht ein Leben lang erträumte Luxus ist.

Schenken – aber wie?!

Nun ist es endlich wieder mal soweit,
und vor uns liegt die liebe Weihnachtszeit.
Es gilt da, an so vielerlei zu denken,
vor allem, was wir unseren Lieben schenken.
Ich kaufe schnell ein Buch für Onkel Christian,
vergesse ganz, dass er mit seinen schlechten Augen
nicht mehr lesen kann.
Ein schickes Schaukelpferd muss her für Neffe Jan,
kann ich denn ahnen, dass der inzwischen
schon richtig reiten kann?
Für Bruder Klaus kauf' ich 'nen Bildband von Südafrika,
hätt' ich denn wissen müssen,
dass er in diesem Sommer in Australien war?
Für Schwester Eva schnell ein T-Shirt, das ist schick,
als ich sie letztens sah,
war sie für Größe S noch nicht zu dick.
Für Vaters Schreibtisch muss ein Briefbeschwerer her,
obwohl – seit er in Rente ist,
da schreibt kaum einer mehr.
Ein Pfund Pralinen für Mama, die wird sie gerne essen,
dass sie inzwischen zuckerkrank,
das hab ich ganz vergessen.
Das Fräulein an der Kasse, das packt mir alles ein,
denn für die Lieben muss das Ganze ja
hübsch eingewickelt sein.
Nun kann es Weihnacht werden,
ich bin drauf eingestellt
und denke, dass auch jedem mein Geschenk
ganz wunderbar gefällt.

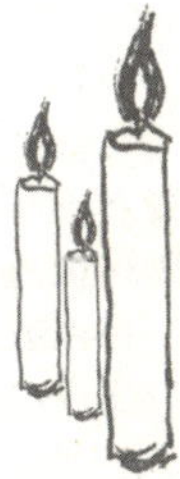

Ich habe einen Stern gesehen

Es war ein Heiliger Abend, wie er im Buche steht. Der Schnee rieselte leise vom Himmel und verwandelte die Welt in ein weihnachtliches Märchenparadies. Von Ferne läuteten die Glocken zum ersten Gottesdienst. Angesichts dieses stimmungsvollen Wintertages hatten Anne und Joachim am Nachmittag beschlossen, noch einen Spaziergang zu machen. Der Weihnachtsbaum war geschmückt, das Essen für den Abend vorbereitet. So blieb Ruhe und Zeit, durch den Schnee zu stapfen. Und das war gut so. Beim Gehen redet es sich besser, dachte Anne. Die letzten Wochen waren so voller Hektik gewesen, dass sie kaum noch Zeit füreinander gehabt hatten. Beide waren abends müde und häufig auch gereizt gewesen, aber um die Spannungen anzusprechen, hatte ihnen die Ruhe gefehlt.

»Joachim«, sie hakte sich bei ihm unterwegs liebevoll unter, »ich muss mit dir reden!«

»Was gibt es denn?«, tat er erstaunt.

»Vielleicht liegt es an dem Stress der Vorweihnachtszeit, ich weiß ja auch, dass du beruflich stark unter Druck stehst«, entschuldigte sie sich schon fast, »aber ich frage mich manchmal, ob du überhaupt nicht merkst, dass du ständig an mir herummeckerst?«

»Was tue ich? Ich nörgele nicht an dir herum, ich mache dich manchmal auf Dinge aufmerksam, die du nicht zu verstehen scheinst.«

»Du tust gerade so, als ob ich blöd wäre!«

Joachim sah sie mitleidig an. Anne kämpfte mit den Tränen. So hatte sie sich ein offenes Gespräch mit Joachim nicht vorgestellt. Sie wollten im nächsten Sommer heiraten, auch diesbezüglich hatte sie sich von dem gemeinsamen Weihnachtsurlaub die Gelegenheit erhofft, mit ihm gemeinsam einige Probleme, die die beiden Familien betrafen, klären zu können. Aber dazu kam es nicht. Je mehr sie sich von Joachim angegriffen fühlte, umso heftiger wehrte sie sich. Alle möglichen Kränkungen aus der Vergangenheit wurden wieder neu aufgewärmt. Anne war in ihren Vorwürfen Joachim gegenüber auch nicht gerade zimperlich. Beide wurden in der Stille der Landschaft immer lauter. Noch nie hatten sie einen dermaßen heftigen Streit gehabt. Keiner von beiden beachtete die Richtung, in der sie liefen.

»Wo sind wir eigentlich?« Abrupt blieb Anne stehen. Mit einem Mal bemerkte sie, dass die Dämmerung hereingebrochen war. »Ich glaube, wir müssen nach rechts«, meinte Anne an der nächsten Wegkreuzung.

»Wir müssen nach links abbiegen«, behauptete Joachim mit fester Stimme, »da kommen wir auf die Hauptstraße.« Das wäre ja noch schöner, wenn er die Richtung nicht wüsste. »Du konntest dich doch noch nie orientieren«, lachte er.

Blind vor Tränen trottete sie hinter ihm her.

Aber anstatt auf die Hauptstraße zu gelangen, waren sie nach einer halben Stunde im wahrsten Sinne des Wortes auf einem Holzweg gelandet. Da standen sie, frierend, mitten im Wald. Es war inzwischen dunkel geworden. Von dem Schnee, der inzwischen immer heftiger fiel, ging derweil die einzige Helligkeit aus.

»Was machen wir jetzt?«, fragte Anne und lehnte sich an Joachim an. Im Augenblick war die Angst größer als die Wut.

»Das kommt alles nur durch dein Gequatsche«, beschuldigte er sie und stieß sie von sich. Wie stand er jetzt da, als Mann, der nicht mehr wusste, wo es lang ging. Er konnte sich nicht erinnern, dass jemals einer aus der Familie von Meißen sich verlaufen hatte. Es war einfach lächerlich. »Dann finde du doch eine Lösung, du tust doch immer so schlau«, höhnte er.

Anne sah auf den Boden. Sie zitterte. Sie fror. Sie hatte Hunger. Sie hatten nicht einmal ein paar Bonbons bei sich. Schließlich hatten sie ja vor dem Essen nur einen kleinen Spaziergang machen wollen.

Plötzlich faltete sie die Hände, sah zum Himmel empor, der ihr diesen Blick mit einer Schneeflocke auf ihre Nasenspitze dankte, und wurde ganz ruhig. »Fängst du jetzt an zu beten?«, spottete er. Er verließ sich lieber auf Tatsachen als auf den lieben Gott.

»Da oben leuchtet ein Stern«, sagte sie leise, »vielleicht ist es der Weihnachtsstern, der uns wieder nach Hause führt«, fügte sie hinzu, und der uns einander wieder liebhaben lässt, so wie früher, dachte sie im Stillen. »Da oben, an einem Himmel, der von einer dichten Wolkendecke überzogen ist, aus der es unentwegt schneit, sieht meine Freundin einen Stern. Ich sehe ja auch manchmal Sterne, aber frühestens nach sieben Gläsern Glühwein«, lästerte er.

»Ich gehe dem Stern nach«, sagte Anne, »du kannst ja bleiben, wo du bist«, fügte sie trotzig hinzu.

Unbeirrt ging Anne geradeaus und bog dann auf einen Weg ab, der bergauf führte. »Auch noch eine Bergtour in der Nacht.« Joachim maulte, mochte Anne aber im Wald auch nicht alleine laufen lassen. Zumal wusste er ja selbst auch nicht den Weg zurück zu ihrer Ferienwohnung.

»Wir brauchen doch nur dem Stern zu folgen«, meinte Anne. »Es ist wie bei den Heiligen Drei Königen. Die hatten auch einen Stern gesehen, und dann haben sie ein paar Sachen zusammengerafft und sich auf die Socken nach Bethlehem gemacht. Ohne Gewissheit, was unterwegs passieren konnte. Ohne sich vorher abzusichern und zu versichern. Sie hörten, dass in Bethlehem ein neuer König geboren war. Eine neue Hoffnung war aufgebrochen. Und der Stern wies ihnen den

Weg zu dieser neuen Hoffnungsquelle. So wie uns jetzt.«

»Du spinnst doch mit deinem religiösen Getue!«

Anne schwieg. Sie war jetzt ganz ruhig. Unbeirrt setzte sie ihren Weg fort. Die Füße schmerzten, auch der Hunger quälte sie nach wie vor, und dennoch wurde sie auf eine wundersame Art mit jedem Schritt innerlich leichter und heiterer. Hinter sich hörte sie Joachims keuchenden Atem. Auch er schwieg jetzt. Sie hatten sich müde gestritten. Plötzlich blieb Anne stehen und schien ihren Augen fast selbst nicht zu trauen. Sie stand direkt vor einem Wirtshausschild. Durch die Fenster drang ein matter Lichtschein. »Wir haben es geschafft«, jubelte sie.

»Das Wirtshausschild wird vorhin beleuchtet gewesen sein, das war dein Stern, ha, ha, eine Kneipe als Weihnachtsstern.«

Kaum war die Angst gewichen, machte er sich schon wieder über sie lustig.

»Aber du hast doch vorhin gar nichts gesehen«, gab sie wütend zurück.

Sie klopften. Eine Frau öffnete die Tür. »Wir haben heute geschlossen«, sagte sie. Dabei sah sie das Paar fragend an.

»Wir haben uns verlaufen, bitte lassen Sie uns herein, damit wir uns ein wenig aufwärmen können.«

»Wir wollten gerade essen, kommen Sie, was für vier reicht, reicht auch für sechs«, sagte die Frau freundlich. »Jetzt setzen Sie sich erst einmal an den warmen Kachelofen, ich bringe Ihnen einen heißen Tee und suche Ihnen etwas zum Anziehen heraus, Sie sind ja ganz durchgeweicht.«

»Aber nun sagen Sie, wie haben Sie uns denn gefunden in der Nacht?«, fragte der Mann, als sie beim Essen waren. »Wir hatten doch unser Wirtshausschild heute gar nicht beleuchtet, weil Ruhetag ist.«

Joachim wurde rot und Anne lächelte. »Ich habe einen Stern gesehen, der mich auf den Weg hierher geführt hat«, erwiderte Anne ruhig.

Jetzt wird die Wirtsfamilie auch gleich spöttisch lächeln, dachte Joachim. Doch zu seiner Überraschung nickte die Frau.

»Das kenne ich«, sagte sie. »Wenn die Dunkelheit unendlich und die Angst am größten ist, dann geht einem plötzlich in der Seele ein Stern auf, der einem die Richtung weist, wo und wie es weitergehen kann; bildlich gesprochen natürlich«, lächelte sie den entgeistert dreinschauenden Joachim an. »Da entwickelt man ein Gespür für den richtigen Weg. Mitunter in äußeren Lebensfragen, im Wesentlichen aber wohl bei seelischen Problemen. In ganz alltäglichen Lebenssituationen wird einem mit einem Mal klar, was man tun oder auch aufgeben und hinter sich lassen muss, um vor sich neue Lebensmöglichkeiten und Wege überhaupt wahrzunehmen. Das ist doch Weihnachten«, sagte sie mit einem Blick auf das Jesuskind in der kunstvoll geschnitzten Krippe, die unter dem Weihnachtsbaum liebevoll aufgebaut war, »dass immer wieder Hoffnung geboren wird, in jedem von uns. Manchmal muss man allerdings auch etwas dazu tun, muss mutig sein, um aufzubrechen und sich loslösen aus den bisherigen festen Lebensvorstellungen und Plänen, damit man das Neue auch entdecken und gestalten kann.«

Anne sah sie mit großen Augen an.

»Sehen Sie«, sagte die Frau, »mein Mann und ich sind über Jahre nicht darüber hinweggekommen, dass unsere kleine Tochter am plötzlichen Kindstod starb. Danach wurde ich nicht mehr schwanger. Wir hatten uns unbedingt eigene Kinder gewünscht und waren nahe daran, zu verbittern. Als meine Freundin und deren Mann bei einem Unfall ums Leben gekommen waren, war uns sofort klar, dass wir für ihre Zwillinge sorgen würden, mit allen Konsequenzen. Heute lieben wir die beiden, als wären sie unser eigenes Fleisch und Blut.«

»Wann ist denn endlich Bescherung?« Die beiden lebhaften Buben zappelten unruhig auf ihren Stühlen herum und schauten mit sehnsuchtsvollen Blicken auf die Pakete, die unter dem Weihnachtsbaum glänzten. »Erst wird gegessen, und schmatzt nicht so«, sagte die Frau mit leicht tadelnder Stimme, aber einem liebevollen Glanz in den Augen.

Einen Augenblick war es still in der warmen Stube. Plötzlich sah der Mann auf: »Kenne ich auch, solche Erlebnisse mit dem Stern«, sagte er leise. Drei Jahre lang war ich arbeitslos. Mittlerweile hatte ich die Hoffnung aufgegeben. Alles Mögliche hatte ich versucht, um wieder in meiner Branche Fuß zu fassen. Aber vergeblich. Mir ging es furchtbar schlecht in dieser Zeit. Ich fühlte mich als Versager. Die Familie musste doch von irgendetwas leben. Als die Gastwirtschaft hier zu verpachten war, war es meine Frau, die die Idee hatte, uns dadurch eine neue Existenz aufzubauen. Ich hatte Angst vor den Schulden, die auf uns zukommen würden. Aber meine Frau ließ nicht locker. Sie hat zu mir gehalten in den schweren Jahren; ihre Liebe und der Mut, den sie an meiner Stelle hatte, haben meine Verzweiflung durchbrochen und mir wieder eine neue Perspektive gegeben. Etwas einsam ist es ja manchmal hier oben, wenn man die Stadt gewöhnt war, aber wir kommen gut zurecht und haben unseren Frieden wiedergefunden.

Sternstunden sind Augenblicke, in denen einem klar wird, wie das Leben weitergehen soll, dachte Anne. In dieser Heiligen Nacht auf dem Weg durch die Dunkelheit war ihr so vieles klar geworden. Dass sie sich von Joachim trennen musste. Zu oft hatte er sie klein gemacht, gedemütigt. Dass sie ihren Arbeitsplatz aufgeben und doch noch ihr Abitur nachholen wollte. Warum hatte sie sich immer einreden lassen, zu dumm dazu zu sein? Sie würde es schaffen! Sie würde ihr Leben ganz neu anpacken. Schon lange hatte sie sich, trotz der Erschöpfung nach dem weiten Weg in dunkler Nacht, nicht mehr so voller Lebensenergie gefühlt wie heute. »Weihnachten ist dort, wo neue Hoffnung geboren wird und das Leben wieder eine neue Perspektive gewinnt«, hatten die Wirtsleute gesagt. Dann ist heute wirklich Weihnachten in mir, dachte sie und schnitt sich hungrig noch ein großes Stück von dem knusprigen Braten auf dem Tisch ab.

Folge deinem Stern

Brich auf
und folge deinem Stern!
Er führt dich
inmitten der Nacht heraus
aus der Verbitterung,
der Einsamkeit
und Verzweiflung
und weist dir den Weg
in die Mitte
deines Herzens.
Erstaunt spürst du,
dass dir die Zukunft
mit lichter Freude
entgegenkommt.

Und über dir leuchtet ein Stern

Es war kalt geworden in der Heiligen Nacht. Wider Erwarten hatte ein Schneesturm eingesetzt, der durch die Straßen fegte. Ein junges Mädchen hatte in einem Hauseingang Schutz gesucht, es hüllte sich in seinen Mantel und kauerte auf den nassen Fliesen.

»He du, hier holst du dir aber eine dicke Erkältung.«

Plötzlich hatte sich ein junger Mann über sie gebeugt, seiner äußeren Erscheinung nach ein Obdachloser.

»Lass mich«, fauchte sie ihn an. Aber er hatte sich schon neben sie gehockt.

»Hier, nimm wenigstens einen Schluck Wein.«

Er reichte ihr die Chiantiflasche. Widerwillig trank sie. Sie ist hübsch, dachte er.

»Warum sitzt du hier? Hast du kein Zuhause?«

»Und du?«, fragte sie zurück.

»Ich lebe schon lange auf der Straße. Ich will das so. Inzwischen jedenfalls. Aber hier können wir heute Nacht nicht bleiben.«

»Wohin sollen wir denn gehen? Bei dem Wetter.« Sie sah ihn das erste Mal an.

»Wird sich was finden.« Erst als sie aufstand, bemerkte er, dass sie hochschwanger war. Er nahm sie bei der Hand. Sie kämpften sich ein paar hundert Meter weiter durch den Schneesturm, als ihnen viele gut gekleidete Leute entgegenkamen.

»Wir gehen in die Kirche.«

»In die Kirche, spinnst du?« Sie sah ihn entgeistert an.

»Die Christmette ist zu Ende, wir schleichen uns schnell hinein. Da ist es wenigstens warm und trocken.«

Sie huschten an den letzten Besuchern des Gottesdienstes vorbei und versteckten sich hinter dem Altar in der Seitenkapelle. Nach kurzer Zeit hörten sie, wie die große Eingangstür abgeschlossen wurde. Sie warteten noch eine Weile, dann wagten sie sich aus ihrem Versteck hervor.

Da saßen sie nun, die hochschwangere Frau und der junge Mann, der nicht der Vater des Kindes war, auf harten Kirchenbänken. Und über ihnen leuchtete der Herrnhuter Stern, den der Küster offensichtlich vergessen hatte, auszuschalten. Eine Weile war es still im Raum.

»Du hast mir auf meine Frage noch keine Antwort gegeben. Warum bist du nicht zu Hause, gerade an einem Tag wie diesem?«

Langsam kam sie ins Erzählen. Sie stamme aus begüterten Verhältnissen. Die Eltern hätten an sie als einzige Tochter hohe Erwartungen gestellt, ihr die beste Ausbildung bezahlen wollen. Aber sie habe dem Druck nicht standgehalten. Als sie das Gymnasium verlassen musste, sei für ihre Eltern eine Welt zusammengebrochen. Auf die Schwangerschaft habe ihr Vater mit den Worten reagiert: »Du bist nicht mehr meine Tochter.« Die Mutter habe geweint und versucht zu vermitteln. »Das sagt er jetzt nur so, du kennst ihn doch.« »Eben«, habe sie erwidert, ein paar Sachen in ihren Rucksack gestopft und die Tür geknallt. »So war das.«

Beide schwiegen und sahen zu dem Stern hinauf.

»Und du?« Sie sah ihn erwartungsvoll an.

»Meine Eltern sind tödlich verunglückt, als ich sieben Jahre alt war. Ich bin dann bei einem Onkel groß geworden, der sich nicht viel um mich gekümmert hat. Als ich dreizehn war, bin ich in eine Clique geraten, die ihre Warenhausdiebstähle für Mutproben hielt. Ich war glücklich, ein paar Freunde zu haben – jedenfalls hatte ich sie damals für solche gehalten – und machte mit. Wir wurden natürlich erwischt. Den Rest kannst du dir denken. Erziehungsheime, neue Diebstähle, Jugendstrafvollzug, Arbeitslosigkeit.«

»Aber es muss doch auch für uns eine Zukunft geben.«

Sie war müde geworden, lehnte ihren Kopf an die Schulter des Mannes und versank für kurze Zeit in einen unruhigen Schlaf. Als sie aufwachte, waren ihre ersten Worte: »Ich habe von dem da oben geträumt.«

»Von Gott?« »Nein«, sie lachte hell auf, »von dem Stern.«

»Und? Hat er dir etwas erzählt?« »Weiß nicht, vielleicht.«

»Ich habe Hunger«, erwiderte er nur.

Endlich war es neun Uhr und der Küster schloss die Kirche für den Weihnachtsgottesdienst auf. Sie entwischten unbemerkt. Der Schneesturm hatte sich gelegt, zwischen den Wolken kam die Sonne hervor. Am Bahnhof tranken sie am Stehimbiss einen Kaffee. Das Mädchen kaute nachdenklich an einem Croissant. »Ich gehe heute zu meinen Eltern zurück, vielleicht gibt es ja doch noch einen Weg.«

»Dein Traum von heute Nacht?« Sie nickte.

Er brachte sie bis zu ihrem Elternhaus.

»Willst du nicht …?« Er ließ sie nicht ausreden, sondern schüttelte den Kopf.

»Sehen wir uns wieder?«, fragte sie.

»Du weißt ja, wo du mich findest. Da, wo ich dich gefunden habe.« Sie nahm seine beiden Hände und drückte sie fest: »Auch für dich leuchtet ein Stern.« Er nickte. Langsam ging sie durch den Vorgarten und klingelte. Von der Pforte aus sah er, wie sie im warmen Licht des Hausflurs verschwand und sich die Tür hinter ihr schloss. Dann machte er sich auf den Weg zurück in die Stadt.

Heilige Nacht

Jetzt wird es still,
der Heilige Abend senkt sich
übers Land –
am Himmel zeigen sich
die ersten Sterne –
so lege jetzt des Tages Werke
aus der Hand
und öffne dich mit Leib und Seele,
dem Frieden,
mit dem dich diese
ganz besondere Nacht umhüllt –
und berge dich in Gottes Wärme,
die deiner Träume Sehnsucht
zärtlich stillt.

Wenn eine Sternschnuppe vom Himmel fällt …

Es war kurz vor Mitternacht, als die Mutter ihren achtjährigen Sohn Christian fest in die Arme schloss. Gemeinsam warteten sie auf das Silvesterfeuerwerk. »Wenn du in der Neujahrsnacht eine Sternschnuppe siehst, die vom Himmel fällt, darfst du dir etwas wünschen«, flüsterte sie ihrem Sohn zu.

Schon schlug die Kirchturmuhr zwölf Mal und die ersten Raketen stiegen gen Himmel. Eine ganze Weile verfolgte der Junge fasziniert den Zauber der Knallkörper und Leuchtkugeln. Der ganze Himmel war ein einziges Farbenspiel.

»Geht mein Wunsch denn auch in Erfüllung?«, fragte er nachdenklich, als der Lärm des Feuerwerks nachließ.

»Vielleicht«, antwortete die Mutter leise, »du darfst ihn allerdings nicht laut aussprechen.« »Mach ich aber doch«, antwortete der Junge. »Ich wünsche mir, dass der Papa wieder bei uns einzieht, damit wir wieder eine richtige Familie sind und alles wieder so schön wird, wie es früher war.«

»Du weißt doch, dass der Papa eine neue Frau hat«, antwortete die Mutter.

»Aber er kann uns doch wenigstens hin und wieder einmal besuchen kommen und mit mir mit der elektrischen Eisenbahn spielen, die ich vor zwei Jahren zu Weihnachten bekommen habe. Er hat doch die ganze Anlage mit mir zusammen aufgebaut.« Christian war den Tränen nahe.

Die Mutter wusste nicht, was sie erwidern sollte. Sie konnte dem Kleinen gegenüber doch nichts von all den Eheproblemen erzählen, die zur Trennung geführt hatten. Es hatte sie sehr viel Kraft gekostet, sich endlich von dem Mann zu lösen, der sie in vielerlei Hinsicht gekränkt, hintergangen und verletzt hatte. Deshalb schwieg sie.

»Aber an meinem Geburtstag kann der Papa doch wenigstens kommen, ja, wenigstens an meinem Geburtstag. Das wünsche ich mir ganz doll!« In diesem Augenblick sahen beide, wie an dem mittlerweile wieder dunklen Nachthimmel eine leuchtende Sternschnuppe zur Erde fiel.

»Ja«, erwiderte die Mutter, »zu deinem Geburtstag laden wir deinen Vater ein. Und dann machen wir miteinander ein richtig schönes Fest.«

Gesegnetes Jahr

Ich wünsche dir
ein gesegnetes neues Jahr:
eine Zeit,
die reich ist an Freude
und angefüllt mit dem Atem
der Liebe –
eine Zeit,
in der Hoffnungszweige
ergrünen
und Zuversicht aufbricht –
eine Zeit,
in der der Himmel
seine Sterne
in deiner Seele
tanzen lässt.

Quellennachweis

Ich habe einen Stern gesehen, aus: Christa Spilling-Nöker, Heller Stern in dunkler Nacht. Weihnachtserzählungen
© Verlag Herder GmbH, Freiburg i. Br. 2009